成長を買うM＆Aの深層

三浦隆之

創成社新書
53

はしがき

本書執筆の直接のきっかけとなったのは、ここわずか半年ほどのうちに、大きなM＆Aが集中したことである。

２０１３年夏にアメリカの通信会社第３位のスプリントを買収したばかりのソフトバンクが、同年末のクリスマスの日にアメリカの通信会社第４位のＴモバイルの買収計画を発表した。後者の買収案は、12月26日、筆者がアメリカ経済学会に向かう機内にもち込んだ新聞で初めて知り、年明けの1月4日、たまたま当学会の一部会“Antitrust Enforcement in Innovating Industries : ICT and Telecommunications”の発表者の中に、ＦＴＣ（連邦取引委員会）の現役コミッショナーやＦＣＣ（連邦通信委員会）の元エコノミストなどがいて、ソフトバンクの買収策をめぐっても活発な議論があった。

加えて、２０１４年の１月には、サントリーがアメリカ大手蒸留酒メーカーのビーム社買収を発表し、同年２月には、フェイスブックがスマートフォン向けの交流アプリとしてアメリカで人気急上昇中のワッツアップの買収を発表した。

これらのＭ＆Ａで合意された買収金額は、日本円に換算すれば、いずれも１兆円をはるかに超えるものばかりであった。しかし、私が注目したのは、買収金額の大きさだけではなかった。スプリントもビームも現金によって買収されたのであるが、フェイスブックは、ワッツアップ買収にあたって、その対価を株式８割、現金２割で支払うことで合意したのである。これに先立つ２０１２年10月に、すでにソフトバンクは、イー・アクセス（現ワイモバイル）を株式交換だけで買収していた。

一般にＭ＆Ａが話題になる時、関心の軸となってきたのは、そのシナジー効果のありようと並んで、買収金額の大きさであり、その金額の正当性であった。これまで決済方法に触れることはあっても、決済方法の違いをもたらすミクロ的な意図やその違いがもたらすマクロ的な影響について論じられることはほとんどなかったといってよい。Ｍ＆Ａの決済方法の違いについて掘り下げておきたいと思ったのが本書執筆の動機である。

そして、その分析プロセスをつうじて、持株会社の意義、従来一括りにされることが多かった株式市場を株式発行市場と株式流通市場に分けることの意義、買収のたびに企業の「のれん」価値が増殖していくことの意義、トービンのqとヴェブレンのqを対比することの意義、現金報酬に加えて株式報酬を支払うことの意義などについて考える機会を、この小冊子が提供できれば筆者としてこの上ない幸いである。
本書刊行にあたり、創成社の塚田尚寛氏と西田徹氏にはたいへんお世話になった。記して感謝の意を表したい。

２０１４年10月

三浦隆之

目　次

第1章　合併と買収はなぜ一括りなのか

タイトル『成長を買うM&Aの深層』解題

本書のタイトルを『成長を買う…』にした理由から述べておきたい。

企業が成長するには、究極的には、自生的・内生的に成長するか、既存企業を買収するか、の2つに1つしかない。既存企業との連携や合弁のように、両者の中間的かつ派生的なルートに触れることもあるが、本書では、主として既存企業の買収に焦点を当てる。

産業革命から引き続く交通革命と情報革命の進展は、それぞれの企業が生産し販売する事業活動の「場」にきわめて大きな影響を及ぼしてきた。もちろん、それぞれの企業は、それぞれの創業の地にとどまって事業活動を展開することができる。しかし、その提供する商品価値が広く一般に認められるようになれば、事業活動の「場」をおのずから拡大する企業が現れる。企業規模の大小を問わず、今日では、事業活動の「場」を日本国内に限らず、世界各地に求める企業が増えてきている。

しかも、事業活動の「場」が広がり、グローバル化するにつれて、自社の事業活動の拡張予定の「場」と既存他社の事業活動の「場」とが重なることも増えて、両社の補完・競合関係をにらみつつ、内生的な成長よりも他企業の買収にもとづく成長を選択する機会が増えてきているのである。

企業買収にも整理や承継のためなどいろいろあるが、ここでは、最近増えてきた『成長のための時間を買う』買収に焦点を当てたい。したがって、『成長を買う』は、『時間を買う』に置き換えてもらってもいい。買収企業からすれば、将来にわたって長くかかるかもしれない成長時間をいっきに手に入れたいのであるから、買収対象になった企業の現在価値評価は相応に高くなりやすい。また、売却企業からすれば、これまで長い時間をかけて育んできた企業をいっきに手放すわけであるから、その現在価値も相応に高くなる。買収合意に達したということは、双方が特定の企業価値評価価値で合意したということである。

それゆえに、買収合意は、本来、売買合意なのである。そこで、企業買収時点における価値評価計算やファイナンスの方法を論じる際には、売却企業側の利害や動機も買収企業側のそれらと同等に顧慮しなければならないことになる。

もしサブタイトルを加えるとすれば、『企業再編の経済学』としたい。『企業買収の経済学』のみならず、『企業売却の経済学』をも含ませうるからである。

なお、企業再編・企業買収・企業売却といっても、企業を丸ごと売買するばかりではない。その事業活動の一部を売買することもある。そのような場合は、適宜、事業再編・事業買収・事業売却と言い換えていただいてもいいのではないかと考える。

また、本書は、企業再編時におけるファイナンスに焦点を当てているが、その論点の多くは、時には経済学、経営学、会計学などの専門プロパーの領域に重なったり、またがったりしている。ここで『経済学』と表現したのは、それがファイナンス、経営学、会計学といった関連諸分野を総括しうると考えたからである。

M&AかMorAか

合併と買収は、一括りにして合併・買収（merger and acquisition：略してM&A）と表現されてきた。どちらも複数の企業や事業の所有権を結合するからである。

両者を峻別しないのは、日米のジャーナリズムに共通しているが、アメリカではさらに緩やかで、たとえばソフトバンクによるスプリントの買収は、ほとんどが merger という言葉で表現されてきている。全面的な企業買収は merger として、部分的な事業買収は acquisition として、それぞれ使い分けられてもいるようである。そもそもアメリカには対等合併というものがない。対等合併を装う必要もなければ、そのつもりもないのである。かつてのＵＳスチール成立時のように新会社を設立する合併はあっても、合併といえば、アメリカではまず吸収合併なのである。そのため、吸収合併と買収とを峻別しようとする意識は生まれなかったのであろう。

これに対して、我が国では、Ｍ＆Ａというワンセット語句は早々に輸入したものの、合併といえば対等合併、買収といえば敵対的買収と、両者の極端な使い分けがあまりにも行き渡りすぎた感が強い。企業売買、あるいは事業売買が我が国において法制的に可能になったあとでも、企業が企業を買収しやすくなったという意識あるいは企業が事業を売却しやすくなったという意識よりは、海外企業からの乗っ取りをいかに防ぐかという意識のほうがこれまであまりにも先行しすぎた感がある。

もともと、国内企業同士では文化的・風土的にほとんど成功事例のなかった敵対的買収であるが、２００１年11月の商法改正（２００２年４月施行）以降、敵対的買収に対する防衛策として機能しうる新株予約権の発行などが可能になって、内外を問わず敵対的買収はその恐れさえほとんどなくなったといってよい。隔世の感がある。

ついでながら、そもそも我が国では、かつての財閥、その後の企業集団、企業系列、そして現代の持株会社のように、登記上で分社しながら実質的に合社する文化は連綿と受け継がれてきているのだが、企業を資本市場で丸ごと売買する制度は前世紀末に移植されたばかりで、まだまだ、ようやく拒絶反応あるいは不適応症状から少しばかり抜け出そうかという状態なのである。

資本市場を介して企業の買収・売却をする文化がなかったからこそ、事業の継承は、いきおい血縁などの人的コネクションに依拠せざるをえず、必要とあれば、養子縁組も辞さずという構えは現代でも散見されるところである。したがって、我が国では、長寿企業が多いことが世界的にもよく知られているが、そうした企業の優良性は間違いなくあるにしても、それは企業の売買市場が存在していなかったことの証でもある。

さて、これまで一括りにされてきた合併と買収には、実はいくつかの重要な違いがある。対等合併の場合、合併後に新しい会社名を選択することが一般的であり、その際には、当事者たるすべての旧法人は消滅する。そして、吸収合併の場合、吸収する側の企業の旧会社名を残して、吸収される側の企業の旧会社名が消滅するのが一般的である。ところが、買収の場合、友好的な買収であれ敵対的な買収であれ、買収される側の企業の旧会社名がそのまま残されることが多く、部外者には、その会社の所有権が変化したことさえ認知されない場合さえありうる。そのほうが被買収企業のブランド価値を有効に利用できるからである。

もっと見過ごしてほしくないことは、合併対価・買収対価の決済方法の違いである。あらかじめ断っておくが、合併対価・買収対価の計算方法の違いではない。新設合併時の対価は、基本的に、新会社と旧会社との間での株式交換（我が国の会社法では株式移転[1]）によって決済される。吸収合併時の対価は、基本的に、吸収会社と被吸収会社との間での株式交換によって決済される。これに対して、買収時の対価は、潜在的には株式交換でも現金でも、どちらの方法によっても決済可能でありながら、多くの場合、現金決済となることが多い。あるいは、極論して、株式交換方式の決済をするから合併となり、現金決済をするから買収となる、と言い切れれば単純明快なのだが、合併・買収のどちらの場合でも株式交換と現金決済とを混ぜ合わせることが可能なので複雑なのである。

しかし、その上でなお、合併と買収を区別したくなる事情もある。

株式交換による合併の場合、資金的には際立った比較優位性をもっている。新会社名への書き換え費用などは別にして、合併のために新たに支出しなければならないキャッシュフローがほとんど不要となるからである。

さらには、既述のように、日本では合併といえばまず対等合併なのであるが、対等合併という名称からして、容易に合併後の民主的な管理運営が自他共にイメージされやすい点も魅力的である。では、合併か買収かの岐路にたった時、あなたは迷いなく合併を選ぶだろうか?

実は、合併にもいくつかのデメリットがある。

株式交換による合併の場合、もしあなたが合併前の会社の大株主兼経営者であったとすれば、合併後あなたの所有比率と影響力は確実に低下する。そのこともあって、2001年には、一株一票以外の「種類株式」が解禁され、その中には議決権を制限する株式の発行も認められるようになっている。

また、もしあなたが合併前の会社の中間管理職だとすれば、あなたは、合併前の会社の違いをベースにした主導権争いや派閥抗争に巻き込まれてしまうかもしれない。

対等合併によってさらに大きくなった組織を民主的かつ協調的に運営していこうとする気持ちは、往々にして、組織内部の合理化意欲の低下を招き、出身部署で生じた不正や不祥事には隠蔽主義を、出身以外の部署で生じた不正や不祥事に対しては無干渉主義を醸成し、かえって問題を深刻化させることがありうる。

たとえ不正や不祥事がなくても、我が国のメガバンクの多くにみられる、合併を重ねて、やたらと長くなってしまった銀行名が象徴するように、適任の経営者を選び長期的な視点からじっくり経営してもらうという姿勢よりも、合併前の旧組織間での役職の輪番制、とくに頭取の民主的な（そして比較的短期の）順送り任命、その他のトップマネジメントの襷《たすき》がけ人事が結構蔓延しやすいことは、これまで私たちが垣間見てきたとおりである。

では、買収の場合はどうであろうか？　本書では、対等合併とはひと味もふた味も違う買収の本質に迫っていきたいと思う。M＆Aと一括りにされてきた割には、合併と買収は、とくに対等合併と買収（および吸収合併）は、さらには株式交換による合併（および買収）と現金決済による買収は、あまりにもかけ離れた特質をもっているからである。私たちには、今まずもって株式交換と現金決済を区別する議論が求められているのではないだろうか。

株式交換か現金決済か

株式交換であれば、取引の当事者がいずれも売り手と買い手の両側面をもつのに対して、現金決済では、現金を支払う側が買い手であり、現金を受け取る側が売り手となる。現金決済の場合は、自明の論理である。

他方、株式交換の場合、字義どおりに、吸収する側と吸収される側とが、どちらも自社株を売り、かつ相手株を買う。そして、その際に、現金決済が介在する必要はない。この時の取引価格は、両株式の交換比率によって確定される。そのため、完全吸収の場合には、結果的に、吸収する側もされる側もどちらも吸収される側の旧株式に用はなくなるのである。この時、吸収する側の企業は、吸収される側の企業を現金ではなく株式で買ったことになる。

きわめて日本的な対等合併を含めればM or Aの議論も必要となるだろうが、日本固有の対等合併を別枠におけば、M&Aという一括りの枠組みを残したままでも差し支えないであろう。そして、M&Aの枠組みにおいても、M&Aを株式でするのか現金でするのか、この株式決済と現金決済の違いはさらに検討されてしかるべきであろう。

かくして、ここでは日本企業同士の対等合併を欧米にない特殊な様式として別囲いにした上で、最近急増しつつある日本企業による海外企業との合併・買収を念頭におきながら、ひとまずM&Aという土俵の中で「株式で決済するM&A」か「現金で決済するM&A」かの議論を展開していきたいと思う。

註

(1) 会社法上では、新設会社との株式交換を株式移転として、既存会社間の株式交換と区別するが、その根拠は、我が国では、いわゆる対等合併による新会社設立時の株式移転は認めても、既存会社間の株式交換は、1999年の商法改正によって解禁されるまで禁止されてきたという経緯があることにもとづいている。しかしながら、そうした法規制の経緯にもとづいた株式移転と株式交換の区別は、経済的な観点からすれば、ほとんど本質的な差異を有するものではなく、むしろ両者を株式交換あるいは株式決済として一括りにした上で、株式決済と現金決済とを対比することの経済的な意義を探り見極めるのが本書の意図するところである。

第2章　ブリヂストン・世界一への王道

2強よりも3強に

ブリヂストンによるファイアストンの買収は、現金決済による買収の特質を端的に物語っている。まずは、日本企業による初の海外企業の大型買収の経緯をブリヂストンの社史[1]を主たる拠りどころにして紐解いてみよう。

ファイアストンを子会社化する前年の1987年、世界におけるタイヤの市場シェアは、売上高ベースで、第1位グッドイヤー（18・1%）、第2位ミシュラン（17・3%）、第3位ブリヂストン（9・9%）、第4位ファイアストン（6・5%）、第5位住友（5・7%）、同率第5位ピレリ（5・7%）であった。

当時、ブリヂストンは、すでに日本一の、そして世界第3位のタイヤメーカーであったが、グッドイヤー、ミシュランの2強時代から、ブリヂストンによるファイアストンの買収によって、ブリヂストンを加えた3強時代に突入するだけでなく、つまり3強の一翼を担うだけではなく、いずれ3強のトップに躍り出ていく重要なきっかけとなるのである。

ただし、3強の合計市場シェアは50％台から40％を切るところまで近年少し縮まってきている。ちなみに、2012年の市場シェアは、第1位ブリヂストン（15・3％）、第2位ミシュラン（14・0％）、第3位グッドイヤー（10・1％）である。

このように、タイヤ業界では、かつての第3位メーカーと第4位メーカーとの経営統合によって、2強の時代から3強の時代に移行した上で、当該産業を支える企業間の競争はかえって活発化したということである。

ちょうど本書執筆さなかの2014年1月末から2月初めにかけて、アメリカ政府当局がソフトバンク子会社のスプリント（アメリカ携帯電話3位）によるTモバイルUS（同4位）の買収計画に難色を示しているというニュースが入ってきた。アメリカ司法省のベーア反トラスト局長とアメリカ連邦通信委員会（FCC）のウィーラー委員長は、どちらも立て続けに、携帯電話大手4社を3社に減らすことは消費者の利益につながらないとして難色を示したという。

しかし、アメリカの携帯電話業界は、ベライゾン・ワイヤレス（1位）とAT&Tモビリティ（2位）の2強が突出していて、3位と4位を統合してもまだ売上高・契約数（2012年度）どちらも及ばないので、2強体制を3強体制にすることによって当該業界における競争環境はさらに向上する可能性が高いとみることもできるのではないだろうか？

さらにいえば、ドコモとAUだけではなく、ソフトバンクも加わっていればこそ我が国のモバイル通信業界の活性力が保たれてきていることは間違いない。寡占競争の時代ながら、2強体制から3強体制になることによって競争環境が向上した例は、我が国ビール業界においても見られたとおりである。

多くの業界において、産業が成熟すれば寡占化の結果が生じやすいのは如何ともしがたいところである。寡占化の弊害は、既存企業への規制強化だけによってではなく、むしろ潜在的な新規企業のもっと自由な参入を促進することによって取り除かれて然るべきものであろう。たとえば、回線を借りて割安なサービスを提供する仮想移動体通信事業者（MVNO）のさらなる育成などが待たれるところである。

2つの石（ストン社）を1つに

さて、時計の針を半世紀ほど戻してみよう。コンシューマリズムの英雄ラルフ・ネーダーが『どんなスピードでも危険』（1965年）を出版し、これをきっかけにしてアメリカではキャンペーンGMの嵐が吹き始め、車やタイヤの安全性に生産者がますます注力するようになっていく頃である。

バイアスとラジアルの中間的な性能をもつベルテッドバイアスタイヤが1968年に開発された後、北米のタイヤメーカーは、総じて、ベルテッドバイアスタイヤの生産に集中して、燃費に優れたラジアルタイヤの生産に出遅れた。しかし、石油危機の発生にともない、結局、急速なラジアル化を迫られた北米各社は、いずれも生き残りをかけたリストラを余儀なくされた。

中でもファイアストン社は、1975年、主力タイヤFirestone 500の品質問題（スチールコードの接着技術の不備）をきっかけにして、北米17工場のうち7工場を閉鎖するまでに至った。

他方、ラジアルタイヤの自主技術を確立したブリヂストンは、すでに1967年に販売子会社ブリヂストンアメリカを設立していたが、次第に、米国への工場進出を重要な課題として認識するようになっていた。

こうした状況下にあって、１９８０年9月、ブリヂストンはファイアストン社から当時ファイアストン社唯一のトラック・バス用タイヤ工場であったナッシュビル工場の売却あるいは合弁による生産の打診を受けたのである。ブリヂストンは、早速、この課題についての研究会をスタートさせた。研究会では、当初、更地に新工場を建設する意見が強かったが、新設工場案は、操業までに最低2年以上かかる上に巨額な投資が必要で、長期間利益が期待できないと考えられた。ブリヂストンがアメリカの大企業から既成の子会社を買収、経営するのは初めてのことであったが、ブリヂストンによる海外既存工場の買収は、１９８０年12月、豪州ユニロイヤル社で経験していて、既存工場の立て直しに大変な苦労があることも経験済みであった。

しかし、このナッシュビル工場の買収であれば、買収後の操業度についてもある程度めどがつき、新設と違って生産能力過剰の米国業界の反発も少ないと思われた。ファイアストン社から提出された買収条件は、(1)土地・建物・機械設備の買い取り、(2)当工場でのファイアストンブランドＴＢＲの継続生産とファイアストン社への販売、(3)組合員を含む全従業員の引き継ぎ、以上の３点であった。

こうして1982年2月10日、趣意書が調印された。買収価額5200万ドル（プラス譲渡時に在庫する原材料・仕掛品の簿価）で、1982年10月末の買収実施を目標とした。当時ナッシュビル工場は、稼働率が4分の1となっており、組合員の3分の2がレイオフされていたが、組合との交渉を経て、11月25日に買収契約の調印が完了し、1983年1月10日をもって所有権の移転が終了し、ここにブリヂストンによるアメリカでの生産が始動した。

ファイアストン社は、ナッシュビル工場（現、ラバーン工場）をブリヂストンに売却した後も事業再編を急速に進め、不採算工場を縮小、閉鎖、あるいは売却した。また、同社は株価を引き上げることによりTOB対象になりにくくするため、1982年から1988年までの間に、幾度となく自社株買いを行った[2]。その累計は、発行済み株式の約50％にも及んだ。

1988年1月、ブリヂストンは、ファイアストン社の全世界のタイヤ事業部門を所有・経営する合弁会社を設立し、その株式の過半数を取得したいと申し入れ、2月16日、ブリヂストン75％、ファイアストン25％（ブリヂストン出資分7億5千万ドル）の基本枠組みを決定し、全世界に発表した。

ところが、1988年3月7日、突然ピレリ社がファイアストンの株主に対し1株58ドル（総額19億3千万ドル）での公開買付け（TOB）を発表した。これはファイアストン経営陣を飛び越えて、直接株主に対して株の買い付けを提案する、いわゆる敵対的株式公開買付けであった。

ピレリの買付け期限の4月1日が迫る中、ブリヂストンは、対抗オファーを出すため、敵対的株式公開買付けをしないことを条件に、ファイアストンより入手した内部資料にもとづき、ファイアストンの価値の算定作業に入った。そして、3月16日、コンサルタント会社（ラザードフレール）からファイアストンの価値の検討結果が出され、一度で決めたいとして、1株80ドル（総額約26億5千万ドル）で応えることを決定した。

3月17日、ファイアストン取締役会は、ブリヂストンと組むことが、株主の利益、従業員の雇用確保、地域社会の不安除去の点からみても最良の策であり、友好的な買付け提案としてこのオファーの受け入れを株主に勧めることを決定した。

翌18日、ピレリはファイアストン買収の断念を発表した。

3月21日、ブリヂストンは、ファイアストン株主に対して1株80ドルで買付けの正式オファーを行い、4月26日までに96・4％の買付けに成功し、5月5日、買収を完了してファイアストンはブリヂストンの完全子会社となったのである。

優れた経営者とは

タイヤ事業ではブリヂストンよりも長い歴史をもち、1983年初頭にナッシュビル工場をブリヂストンに売却するまでは売上高でブリヂストンを凌いできたファイアストンであったが、ブリヂストンによって買収された後、「ブリヂストンの水準からは懸け離れた米国従業員の職務態度、十分ではないタイヤの品質が、放置されていた」[3]状況の中で、ブリヂストン・ファイアストン（当時）のタイヤを装着したフォード車の横転事故が多発し、2000年、約1440万本のタイヤのリコールを余儀なくされた。こうした難局を切り抜けて、世界一のタイヤメーカーとしてのポジションを維持してきたブリヂストンの歴代経営者の手腕は高く評価しなければならない。

その上で、筆者は、一般に負け組として評価されやすい被買収企業ファイアストンの当時の経営陣の「自分の企業を売る」という最後の営業活動の見事さには脱帽せざるをえないのである。企業は一品ものである。同じ企業は2つとない。一品ものの企業を売るのに薄利多売は通用しない。かけがえのない自分の企業は、最大限高く買ってもらうように仕組まねばならない。

当時のファイアストンのトップ（CEO）だったジョン・J・ネビンは、まず7年という時間をかけて、自社株買いを実施した。これは不調期の株価下落を押しとどめ、場合によっては株価を維持・上昇させて、乗っ取りの対象になることを回避しながら、「自分の企業を売る」時には、できるだけ高く売るための基準価格を押し上げることになるからである。しかも、自社株買いの規模が発行済株式の半分にまで到達していたのである。もし買い戻した自社株を消却せずにネビンら経営陣のストックオプションとして利用していたのであれば、それこそきわめて巧妙なゴールデンパラシュートだったということになる。

ブリヂストンがファイアストンを買収する意思決定をした頃のファイアストンの株価は10ドル以下にまでなっていたが、買収発表と同時に45ドルに跳ね上がったという(4)。ブリヂストンの株価の方は、2月初旬に1300円以下だったのが、2月中旬から1400円前後となり、4月下旬には1500円台をつけるまでになったが、6月に入ってから1400円台後半で落ち着いたところで、1株を1・1株にする株式分割を実施している。買収企業の株価よりも被買収企業の株価の方が大きくプラスに反応する一般的なパターンである。

さて、ファイアストンの売値であるが、1988年2月16日の時点では、10億ドル（＝ブリヂストンの当初出資予定分7億5千万ドル×4／3）であったのが、そのわずか3週間後の3月7日、ピレリの申し出た買値が、一気にほぼ2倍の19億3千万ドルまで押し上げられて、その9日後の3月16日、ブリヂストンの申し出た買値は、ついに26億5千万ドルに達し、この金額で、5月5日、すべての買収手続きは完了したのである。

わずか2カ月半ばかりの間に、中身に何の変化もない企業の価値が2倍半以上に競り上がったのである。ちょうどオークション市場においてよく見られるように、競合する買い手と競り合って、ようやく落札した時の喜びの直後に、買値のあまりの急騰を振り返って、当時のブリヂストンの経営幹部たちが一抹の「勝者の憂い[5]」を感じたであろうことは想像に難くない。当時の東京本社の反応は、「なぜそんな値段で買うんだ[6]」という言葉に集約されている。

しかし、それで良かったのである。企業の売買市場ではこのような値動きは特殊でも異常でもない。いわば日常茶飯のことである。それを企業買収にまだ不慣れであった日本企業が、中・長期的な発展のために、当時としてはきわめて迅速な意思決定を行ったのである。そして、当時このままでは「1日1億円の赤字が出る[7]」といわれたファイアストンからもう逃げられない、ともにシナジー効果を出していかねばならないという覚悟と意欲は、一時的な「勝者の憂い」を吹き払ったに違いない。

それにしても、好き嫌いは分かれるだろうが、ネビンという経営者の辣腕ぶりには目を見張るものがある。良い物件を高く売るのは当然だとしても、事実上ほとんど倒産の危機に瀕していた企業を思いっきり高く売り抜けたのである。そして、それを可能にしたのが、大量の自社株買いの実行、絶妙なタイミングで競合買い手を登場させる舞台設定のうまさ、この2つに尽きるだろう。

海外企業との提携と合弁

トヨタが、GMやフォルクスワーゲンと並んで、自動車業界における世界のビッグ・スリーの一翼を担うようになるのに先行して、ブリヂストンは、ミシュランやグッドイヤーと並んで、タイヤ業界における世界のビッグ・スリーの一翼を担い続けてきている。

ブリヂストン躍進の大きな契機が1988年におけるファイアストンの買収であったことはすでに見たとおりであるが、ブリヂストンの躍進を可能にした別の2つの契機についても触れておきたい。

第1に、ブリヂストンは、ファイアストンを買収するかなり前にも、海外企業との技術提携や合弁事業によって大きく前進したということである。

太平洋戦争当時、日本軍によって接収されていたグッドイヤー社のジャワ工場をブリヂストンが操業したことがあったが、敗戦後に当工場が返還された時、なんらの破壊行為もなく無傷のままであったばかりか、日本からもち込まれていた機械まできれいに磨き上げられていたことに、グッドイヤー社の当時の会長P・ウィークス・リッチフィールドはいたく感銘したという。

このことは、1951年6月のグッドイヤーとブリヂストンの技術提携契約に結実した。これが当時の世界最先端にして世界最大のゴムメーカーの技術をブリヂストンが身近に学び吸収するきっかけとなった。これ以降、綿コードから耐久力のあるレーヨンコードへの切り替えがいっきに進むことになったのである。当時、「日本の技術は20年も立ち遅れて」いたのであり、「レーヨンコードは綿コードに比べて約40％安であり、強力で、使用量が少なくてすみ、タイヤのコストダウンと耐久度増強のために有効であった」。

人絹コードは、すでに戦前の1936年以降試みられてはいたが、レーヨンコードは、従来試作につとめてきた人絹コードとはまったく別のものであることが次第に認識され、

「我が国業界でいち早くレーヨンコードタイヤの製造に成功することは、タイヤ市場の商戦に勝ち抜くために絶対必要である」というのが当時の石橋正二郎社長の判断であった。そして、ブリヂストンがレーヨンタイヤの本格的な生産に入ったのは1951年9月からであった。

その後さらに続けて、アメリカの実績にならって、航空機用タイヤからナイロンコードの利用を開始することが構想され、1952年には、グッドイヤーとの間で航空機用タイヤ製造技術援助に関する交渉を行うと同時に、東洋レーヨン（現、東レ）と協力して、ナイロンコードに関する共同研究を強力に推進することを決めたのである。

「ナイロンタイヤはレーヨンタイヤに比べて、コードの使用量が少なくてすむこと（約60％）、セパレーションやバーストの故障が少ないこと、耐久力に富むこと、とくに重荷重もしくは長距離輸送トラックの場合、20～60％も寿命が伸びることなどが判明した」からである。

当初、ナイロンディップコードはグッドイヤーから供給されたが、ナイロンタイヤの生産が増加するにつれて、タイヤ用ナイロンコードの自社処理が急務とされるに至った。ナイロンコード用の原糸として、アメリカをはじめとする外国のタイヤメーカーは、デュポン社が特許を有するナイロン66を使用していた。

ブリヂストンは、ナイロン原糸を大量かつ廉価に確保するために、東洋レーヨン社の独自技術で開発したナイロン6をタイヤコードに使用できるように改良し、１９５８年[8]には、ナイロンコード処理設備ディッピングマシンをグッドイヤーから総額約10億円をかけて購入・設営した。この設備は、「1日に7万メートルのナイロンコードを自動処理できる能力」があり、「高さが31メートル」もあったので、新設の久留米第2工場の「5階を貫通してなお頭部を屋上に出すほどの巨大なもので、もちろん、我が国最初の新鋭設備であった」。優れたディッピング（ゴムとの接着力およびコード物性を向上させるため、コードをラテックス液に浸漬したのち、乾燥、熱処理する工程）装置をいち早くもつかもたないかは、我が国タイヤ業界の雌雄を決するほどの作用があった。

かくして、ブリヂストンの業績はうなぎ上りとなり、１９６１年5月1日、30年間石橋家が保有し続けていたブリヂストンの株式が、初めて東京および大阪の証券市場に店頭銘柄として公開されるに至り、1株３３０円で売り出された株式は、その日のうちに１２００円という記録的な高値をつけたという。

ブリヂストンは、グッドイヤーとの技術提携によって我が国タイヤ業界における地歩をさらに固めることができたが、「当時我が国のどの会社もよろこんで外資を迎えていた」中で、資本提携のほうは断っていた。当時の技術指導料はかなり厳しいものであったが、この株式公開によって大きく報われたといってよい。

その後、またたくまに、同年10月に東京・大阪第二部上場、翌１９６２年４月に名古屋第二部と福岡に上場、同年11月には東証第一部上場となったのである。

そして、１９６５年前後に始まった我が国におけるモータリゼーションの本格化とともに、ブリヂストンは、ラジアルタイヤなどの分野で自主技術を確立して、ラジアル転換をアメリカのタイヤメーカーより大きく先行することができるまでになったのである。

ブリヂストン社製のラジアルタイヤの性能は定評のあるところとなったが、ラジアルタイヤに必要なスチールコードの当時唯一の供給源は、ベルギー・ベカルト社であった。そこで、ベカルト社とブリヂストンは、１９７０年１月、資本金10億円のブリヂストン・ベカルト・スチール・コード株式会社を栃木県に設立した。出資比率はブリヂストン51%、ベカルト社49%であった。このベルギー・日本両国の日本における最初の合弁事業は、ベカルト社グループ内でも、生産性や営業成績の面で最優秀会社だとされたが[9]、１９９９年にブリヂストンに吸収合併されている。

再生タイヤメーカーの買収

第2に、ブリヂストンは、ファイアストンを買収した後、アメリカ最大の再生タイヤメーカー・バンダグを買収することによって世界首位固めをはかっている。

再生タイヤ（リトレッドタイヤともいう）は、我が国ではまだなじみが薄いし、タイヤに対する総需要のうち再生タイヤの占める割合は全世界でもまだほんの数％にすぎないにしても、欧米や新興国ではトラックやバス向けの取り替え用製品としては人気が高く、使用率はすでに50％を超えており、将来は新品タイヤ以上に販売が伸びる可能性もありうる。

再生タイヤは、古くなったタイヤの表面を削り、そこに新しいゴムを接着剤や熱処理でくっつけてよみがえらせる。再生タイヤは、新品タイヤに比べ石油資源を68％削減できるとされるが、機能的にはほぼ新品と変わらず、使い方次第では再生を繰り返すことも可能で、価格も4～5割安く、10トントラック用タイヤの場合、新品は1本5、6万円するが、再生品では3万円程度という。我が国におけるタイヤのリサイクル（大半が製紙・セメント焼成などに熱利用されていて、再生タイヤ・再生ゴムとしての利用は少ないのが実情）率はまだ3割にも満たないとしても、古タイヤの不法投棄がたびたび問題になるといった現状を鑑みれば、今後は再生タイヤが再生紙並みに普及する可能性を秘めているかもしれない。

また、国内需要は中長期的には頭打ちが予想され、1996年以降、連結ベースでのブリヂストンの海外売上高が国内売上高を抜いた（2009年以降、海外生産比率はほぼ7割に達した）今、成長が続く海外市場のテコ入れは不可欠となっていた。さらに、タイヤの原材料価格の高騰も背中を押して、タイヤ再生事業に本格的に取り組むことは急務となっていた。

競合するタイヤ3強のうち、ミシュランとグッドイヤーは再生タイヤではブリヂストンよりもかなり先行していて、ブリヂストンの再生タイヤのシェアは、海外各地でわずか数%にすぎない。その点、バンダグは全世界に10工場、販売店を900カ所以上保有していて、再生タイヤのシェアはアメリカで45%、欧州・南米では10～20%を占めている。バンダグ買収後には、バンダグの各販売店でブリヂストン製品を扱うことが可能になり、新品タイヤから再生タイヤまで総合的な販売網を構築し、名実ともに世界一のタイヤメーカーとしての地歩を固めようとしたものと思われる。

バンダグの買収額は、過去1週間平均でも、1カ月平均でも約15%のプレミアムを上乗せした1株50ドル75セント、総額10億5千万ドルで全株を取得する旨の合意を2006年

12月上旬にとりつけ、翌2007年5月末日までに買収手続きを完了した。バンダグは、ブリヂストンの米国法人であるブリヂストン・アメリカズ（Bridgestone Americas Inc.）の完全子会社になったのである。

この買収も、ファイアストン買収の時と同じように、またしてもブリヂストンによるバンダグの現金買収（cash merger）なのであった。かつては、世界第3位のメーカーが第4位のメーカーを買収するのに、まだ株式買収（stock merger）では無理があったのかもしれない。しかし、今度は、現金ではなく、世界一のタイヤメーカーとしての実績を長く積んできたブリヂストンの株式で当時の時価10億5千万ドル相当分を支払う選択肢もあったはずである。ブリヂストンは、当時も今も普通株式だけしか発行していない。世界一のタイヤメーカーとしてさらなる世界戦略を展開していくにあたり、まずは、海外で無議決権株式の発行を検討してもいい段階にきているのではないだろうか？

2050年のブリヂストンに向けて

いまやブリヂストンの生産拠点は、世界25カ国178カ所におよび、その内訳は国内60、海外118カ所であって、海外の生産拠点が国内の約2倍となっていて（2013年4月

1日時点)、生産量は176万トンで、その内訳は国内54万トン、海外122万トンで、海外の生産量が約7割を占めている(2012年実績)。名実ともにグローバル・コーポレーションとして邁進中なのである。そして、2014年には、非タイヤ事業の拡大につなげるために、アメリカ最大規模のホース販売会社マストヘッドインダストリーズを買収した。

しかし、グローバル・コーポレーションとしてのブリヂストンに期待するのは、マーケットシェアや生産量あるいは生産拠点数での世界一規模を保持することよりも、タイヤそれ自体の将来の在り方を示すことによって将来のタイヤ業界を先導していってもらいたいということである。たとえポスト・ガソリン車の時代になっても、タイヤはこれまでどおり必要とされるに違いないからである。

ブリヂストンは、再生タイヤだけではなく、2050年の投入を目指し、環境に配慮した100%サステナブル・マテリアル(再生可能原材料)を使ったタイヤの開発を進めている。これまで原油から製造していた合成ゴムや補強材として使われるカーボンブラック、ゴム配合剤などもバイオマス(生物資源)に切り替え、これまでの熱帯で育つ「パラゴムノキ」だけに依存することなく、乾燥地帯で育つ「グアユール」(メキシコ原産)や温帯で育つ「ロシアタンポポ」などから天然ゴムを抽出する研究も進めている。(10)

おおいに期待したいところである。天然ゴムは、現在、世界の栽培面積の約9割をインドネシアやタイ、マレーシアといった東南アジア諸国が占めている。そして、こうした既存の伝統的な栽培地域に加えて、乾燥地帯で育つ天然ゴムや温帯で育つ天然ゴムが実用化すれば、これまでの特定地域への一極集中の緩和につながるとともに、アメリカ本土での地産地消によるメリットも期待できる。生物多様性の観点からも、熱帯以外の地域で、新しい天然ゴムの育成が可能になることを祈る気持ちでいっぱいである。100年ほど前、かつてエジソンは、フロリダで天然ゴムの栽培を試みたがうまくいかなかった。同様に、ヘンリー・フォードは、ブラジルのアマゾン川流域でコネチカット州がすっぽり入るほどの土地を購入し、天然ゴムの大量栽培を試みたが、失敗して撤退している。[11] 新しいバイオマスの開発は、人類の悲願である。

註

(1) 創立75周年社史編纂事務局『ブリヂストン七十五年史』2008年5月、248-251頁。

(2) くしくも1982年におけるSEC(アメリカ証券取引委員会)による証券取引所法規則10b-18の制定によって、企業が公開市場での自社株買いを行えるようになったばかりの時期と重なっている。

当時SEC委員長の職（1981〜1987年）にあったジョン・シャドは、E・F・ハットン・グループ（後のリーマン・ブラザーズ）の副会長として証券引受業務のトップだった人物で、SEC50年の歴史の中で、ウォール街のインサイダーからの初めての委員長就任であった。ロナルド・レーガン大統領時代（1981〜1989年）の規制緩和政策の一面を物語っている。

ちなみに、わが国では、1994年の商法改正以降、事後消却を前提にした自社株買いが解禁され、2001年の商法改正以降、自社株を消却しない金庫株が解禁されて、さらに2003年の商法改正以降、取締役会の決議だけで自社株買いができるようになった。

（3）広野彩子「企業研究：ブリヂストン—脱・数字だけ世界企業」『日経ビジネス』2013年12月30日、62頁。

（4）木本嶺二『ブリヂストンの光と影』木本書店、2005年、235頁。

（5）こうした状況を英語圏では winner's curse（勝者の呪い・祟り）と表現するが、平安時代の「菅原道真の祟り」のように、日本語では名詞でも能動態と受動態を区別する場合もある。しかし、「勝者が蒙る祟り」や「勝者の祟られ」であっても、あるいは、受動態であることを前提とした「勝者の災い」であっても、日本語のニュアンスではなお強すぎる感もあるので、「勝者の憂い」とした。

（6）ブリヂストンCEO・津谷正明氏へのインタビュー「私の課長時代—米社買収不眠で交渉」『日本経

済新聞』２０１４年５月13日。

（7）ブリヂストン社長・荒川詔四氏へのインタビュー「私の課長時代―買収合戦・緊迫の十二日」『日本経済新聞』２００９年10月19日。

（8）ちなみに、タイヤ補強用の繊維材料は、綿（１９４０年頃が利用のピーク）、レーヨン（１９３３年に開発、１９５５年頃が利用のピーク）、ナイロン（１９４７年に開発、１９７０年頃が利用のピーク）に続いて、現在ではポリエステル（１９５９年開発）、将来的にはアラミド（１９７２年開発）が有望で、帝人とデュポンがアラミドの世界市場を二分している。そのほか、グラスファイバーやカーボンなどの素材もあるが、重さを除けば、スチール（１９５５年開発）コードの果たす役割も大きい。株式会社ブリヂストン編『自動車用タイヤの基礎と実際』東京電機大学出版局、２００８年、２８７－３０３頁。『日本経済新聞』２０１４年６月19日。

（9）創立50周年社史編纂委員会『ブリヂストンタイヤ五十年史』１９８２年３月１日、１５３－１６０、１６４－１６８、２１２－２２０、２７９、３８３－４０７頁。

（10）林英樹「ブリヂストン１００％再生可能なタイヤへ」『日経産業新聞』２０１３年１月８日。

（11）Greg Grandin, *Fordlandia: The Rise and Fall of Henry Ford's Forgotten Jungle City*, Metropolitan Books, Henry Holt and Company, 2009.

第3章　対極にある2つの持株会社

ファッション業界でも企業が企業を買っている

エルヴェエムアッシュ、リシュモン、ケリングといった会社をご存知だろうか？　一般の方でご存知の方は少ないかもしれない。

しかし、ルイ・ヴィトン、クリスチャン・ディオール、フェンディ、ダナ・キャラン、ブルガリ、ロエベ、セリーヌ、ジバンシー、ゲラン、タグ・ホイヤー、ウブロといったブランドはほとんどの人が目にしたことがあるばかりか、御自身や伴侶の方がもっているとか、いずれ恋人にプレゼントしたいとか思われたことがあるのでは？　これらの伝統あるファッション・ブランドの品々を製造・販売している会社はすべて、1980年代末以降、またたくまにエルヴェエムアッシュ（LVMH）という持株会社（1987年創業）に買収されて、現在でもその傘下にある。

また、カルティエ、ジャガー・ルクルト、ダンヒル、ランセル、モンブラン、ピアジェ、クロエといった有名ブランドもまた、ほぼ同じ時期にリシュモン（1988年創業）という持株会社の傘下に入った。

さらに、グッチ、イヴ・サンローラン、バレンシアガ、ジラール・ペルゴ、ボッテガ・ヴェネタ、ブリオーニ、プーマ、ブシュロンといった高級ブランドもまた、20世紀末からのわずか10数年間に、ケリング（2013年創業、前身は1963年創業のPPR）という新興の持株会社に飲み込まれてしまった。

かくして、有名ファッション・ブランドを築き上げてきた数多くの会社が、この業界の頂点に君臨するようになった三大持株会社のいずれかに束ねられたのであるが、エルメス、シャネル、プラダ、アルマーニ、ヴェルサーチ、フェラガモ、ドルチェ&ガッバーナ、ティファニー、ラルフローレンは、いまのところそれぞれ独立したままで各自のブランドを維持してきている。

しかし、今後、所有構造がどのように変化していくのかはわからない。現に、ラルフローレンの場合、2007年に、そのジュエリー・時計部門の事業をリシュモンとの合弁でスタートさせているし、2011年には、プラダは香港証券取引所に、フェラガモはミラノ証券取引所にそれぞれ株式を上場していて、2014年2月には、ヴェルサーチの株式の2割をアメリカの投資ファンド、ブラックストーンが取得し、将来の買い増しと上場が予想されている。

三大持株会社の方は、これら独立系ブランドの所有権買い取りの可能性を探りながら、ひそかに虎視眈々と狙っているかもしれない。とはいっても、これら独立系のブランド会社がみずから第4の持株会社を形成する積極的な理由はない。

たとえ企業の所有者が変わっても、そのことだけでは消費者から見たブランドの価値に影響はないからである。あるいは、これまで磨き上げ培ってきた各ブランドのもの作りの根幹が、所有構造の変化に併せて揺らぐようなことがあれば、かえってそのブランド価値を損なうことにもなりかねない。そもそも三大持株会社に束ねられた各ブランドは、共通のキャンペーンをする意義はほとんどなく、ましてや共通の管理システムに組み込む必然性もない。むしろこうしたファッション・ブランドは、別々の運営体制のもと、独自の個性に磨きをかけることを消費者も望むだろうし、この業界の持株会社もそのことは承知している。

この業界における持株会社の存在意義は、傘下ブランド間の垣根を越えて、必要に応じた資金の融通がしやすいとか、総合的な立地戦略がとりやすいなどの企業としてのフットワークの良さがあるにしても、こうした表層的な役立ちを一皮むけば、ひとえにその有無を言わさぬ単純明快なる利益吸収機構にこそ存在している。それにしても、ここまで傘下企業間のシナジー（相乗効果）を求める必要性を欠いた持株会社も珍しい。

事業会社同士の合併・買収であれば、そこにシナジー効果が存在するかどうかは決定的な重要性をはらんでいるが、持株会社による企業買収であれば、シナジー効果のあるなしにかかわらず、それ以外の多様な理由で遂行される可能性もあるということである。

「○○ホールディングス」だけが持株会社ではない

持株会社とは、文字どおり他社の株式を所有する会社のことであって、我が国では一般に、その所有比率が１００％の完全子会社支配から過半数支配までを達成している会社だけを指すことになっている。

しかし、これまで銀行業・電力業・放送業などの公共性の高い一部の業界以外で持株会社を禁止したことのないアメリカでは、その所有比率の如何を問わず、他社の株式を所有・売買する投資会社のことを持株会社と呼ぶことさえあって、少しややこしい(1)。

我が国でも、持株会社が解禁された現在、狭義の持株会社と狭義の投資会社を括る包括的な呼び名を持株会社とするか投資会社とするかはこれから徐々に固まっていくのであろうが、いずれにしても、これからの持株会社の特質を、かつてのように企業間の閉鎖的な支配関係だけに求めるのではなく、企業が企業を所有し売買する自由闊達さを獲得したことに求められるようになっていくものと思われる。

したがって、たとえ狭義の持株会社に限定するにしても、専業の純粋持株会社だけではなく、兼業の一般事業会社であっても狭義の持株会社になりうるし、現在では、一般の事業会社の多くが他社の株式を所有・売買する投資会社の側面をもつに至っている。ましてや、「○○ホールディングス」などの名称を付けていてもいなくてもかまわない。むしろ、付けていない会社のほうに真性の持株会社らしき動きをしているものがあったりする。そもそも「○○ホールディングス」の名を冠している会社には、昔の財閥のごとく、企業の所有ヒエラルキーのトップに鎮座していることを匂わせすぎるものもある。

我が国では、たとえばオーナー本家、本社、銀行、商社、一般現業企業といった具合に、重層的な所有ヒエラルキーによって比較的小規模の親資本が曾孫会社や玄孫会社の大資本を支配しうる財閥が、江戸期以降の成功した商家などの中から次第にいわば自然発生的に普及し、昭和初期には日本経済を支える基幹産業のほぼすべてを覆い尽くすまでになっていた。この財閥をＧＨＱ（連合国軍最高司令官総司令部）は、戦後処理の一環として１９４７年に解体した。以後半世紀にわたって、我が国の独占禁止法は、持株会社の設立を禁止してきたが、１９９７年、ついに持株会社の設立を解禁したのである。

このような経緯があったからだと思うが、解禁された後も、事実上の持株会社は増えたのに、どうも世間の持株会社に対する観念といえば、すぐに企業間の関係を支配・被支配の関係にする企業形態としてとらえる癖から抜けきっていないように思われる。「〇〇ホールディングス」の名を冠した企業は巷にあふれたが、「〇〇持株会社」の名を冠した企業はまずないようである。名は体を表すというが、これでは漢字をカタカナ表記の英語にしただけなので、意味はまったく同じなわけであるが、それゆえにこそかえってニュアンスだけでも柔らかくしたかったのかもしれない。

たしかに持株会社は、その所有構造からして、企業間の支配関係を体現しているのであるが、今日の持株会社解禁の主眼点は、企業間の所有を重層化して、かつての財閥のような企業間の支配・従属関係を再構築しようとするものではなく、むしろ、企業による企業の所有を可能にすることをつうじて、企業が企業を売買しやすくすることにある。企業活動のグローバリゼーションが進み、情報通信技術が高度化して、単純にヒト、モノ、カネで括りきれないあらゆる価値財が、次の革新的な時代を築くために再編成されることを待っている。この再編成を試みるものこそが、時代をつくり、歴史をつくる現代のイノベーターたちなのである。

もはや個々の企業が、みずからの生産する財とサービスを手持ちの力だけで磨きをかけ続けることによって、少しずつ顧客に受け入れられて成長を遂げていくことを悠長に待てる時代ではなくなった。うかうかしていると、またたくまに置いてきぼりを食らう時代になったのである。必要に応じた迅速な企業間の合従連衡が、企業の経済活動を活性化するためにますます求められるようになってきており、その推進エンジンとなるのが持株会社なのである。会社名に「○○持株会社」とか「○○ホールディングス」などが付いていなくてもいいのである。実質的な持株会社が求められているのである。

持株会社の本社機構（管理本部）の大きさ

持株会社の本質は、前項でみたように、企業による企業の所有を可能にすることによって、企業間の企業売買を容易にすることにあり、そのことをつうじて、経済の再編を促し、時代を変革していく力を蓄えることにある。

それにもかかわらず、持株会社をまるである特種な企業形態でもあるかのようにとらえる立場があるが、持株会社は、株式会社、合同会社、合資会社、合名会社のような会社法上の法人形態を指しているわけではない。持株会社は、ある企業が別の企業の所有権の全部もしくは過半を保持している状態、すなわち会社が会社を所有している状態を表しているだけなのである。

さらにはまた、持株会社をある特種な管理形態としてとらえる立場もある。銀行業などを除いて、19世紀末以降、持株会社を長期にわたって許容してきたアメリカでは、持株会社を内部管理のための一組織形態としてとらえる人が多いように思われる。

2009年度のノーベル経済学賞受賞者、オリバー・E・ウィリアムソンは、次のように述べている。

1920年に存在した2つの典型的な企業管理の形態は、職能別組織(U組織)と持株会社組織(H組織)であった。企業規模が拡大し複雑性が増すにつれて、これら2つの管理形態では、内部的な非効率と管理者の裁量行動に歪みや齟齬がみられるように

なった。・・・そこで、組織の改革者たちは、事業部制組織（M組織）を案出したのである。(2)

19世紀までのアメリカでは、持株会社の設立は特別法によって明示的に株式保有が認められた会社以外には、株式会社が他社の株式を保有できないことになっていたが、1889年にニュージャージー州で成立した会社法で、株式会社による他社の株式の保有を認めて以降、広く一般会社法のもとで持株会社の設立が可能になっていたのである。

ただし、ウィリアムソンは、持株会社を職能別組織や事業部制組織といった二大管理組織形態と同列に並べて対比したのである。製造や営業といった専門職能ごとに企業の活動単位を束ねる職能別組織は、今日でも企業の内部組織を組み立てる時の基本形態なのであるが、取り扱う製品系列が増え、活動する地域が拡大し、事業分野が拡散するにつれて、企業を1つのプロフィットセンター（U組織のUは、UnitaryのUであり、いわば利益責任単位を1つしかもたない単元型の組織）のままにしておくことに無理が生じてくる。

他方で、事業部制組織は、事業分野別、製品系列別、あるいは地域別に束ねて、企業を複数のプロフィットセンター（M組織のMは、MultidivisionalのMであり、いわば利益責任単位を複数もつ複元型の組織）として編成するのであるが、それぞれのプロフィットセンターの内部は職能別に組み立てるほかはないのである。

ところで、持株会社の場合は、傘下企業がそのまま持株会社の複数のプロフィットセンターとして位置づけられるので、複元型の組織である点では持株会社と事業部制組織は形態上の近接性をもっているかに思われる。両者の違いをウィリアムソンはどのようにとらえていたのであろうか？

U組織では、職能部間の活動調整をはじめとする現業面の意思決定と将来ビジョンの具体化をはかる戦略的な意思決定を両方とも本社の経営トップあるいは管理本部（headquarter）が果たさざるをえない。これに対して、M組織では、現業面（あるいは既存事業）の意思決定はすべて各事業部内で遂行されるので、経営トップあるいは管理本部はもっぱら戦略的な意思決定に専念できる。ところが、H組織では、現業面の意思決定は傘下企業に、戦略的な意思決定は持株会社に分担できても、両者をつなぐコミュニケーション・パイプは細くなりがちであり、経営効率が落ちやすい、というのがウィリアムソン的解釈なのである。

そして、H組織の本社（管理本部）はあまりにも小さくなりやすく、M組織の本社（管理本部）は法務・財務などのさまざまなスタッフ機能が充実した巨大なものになりやすいとみる。しかし、M組織においては、管理コストは多少かさんでも、調整時に費やされる軋轢などの取引コスト（transaction cost）は相当節約されるとみるのである。H組織のお任せ経営の姿勢では、傘下企業の自分勝手な行動（opportunism）に歯止めがかけにくいというわけである。

たしかに、外部の投資家は、伝統的な資本市場をつうじて、数多くの投資先オプションの中から投資対象を選択できるし、個々のM組織たる企業は、そうやって調達した資金に内部留保資金も加えた上で、企業内部の投資案件にあらためて配分していく重要な機能を果たしている。その意味で、M組織の本社（管理本部）は、伝統的な外部資本市場の機能を補完するミニチュア資本市場としての役割を担っているといえるだろう。

しかし、ミニチュア資本市場が、投資対象の選択幅が狭い代わりに投資対象の情報量の深さで勝負できるとしても、伝統的な資本市場でも、そのグローバル化によって、投資対象の情報量の限界を補って余るほど投資対象の選択幅がますます広がってきており、情報通信技術の進展によって、情報アクセスへの限界は日々克服されてきており、投資対象の情報についてもその量と精度が格段に上がってきていることも事実なのである。

しかも、M組織の本社規模＞H組織の本社規模は、M組織のメリットであるばかりでなく、H組織のメリットでもありうる。企業規模は、生産規模と管理規模の合計である。注意すべきは、1人の上司の直属部下の数である統制範囲（span of control）を一定として、生産規模が大きくなれば、それ以上の勢い（倍率）で管理規模が大きくなるということである。

生産規模が同等なH組織とM組織があるとする。その上で、H組織の本社規模をM組織の本社規模よりも小さくできるのであれば、H組織は、その分、管理コストを節約できる。そして、そればかりか取引コストをも節約しうるのである。なぜなら、伝統的な資本市場の規律（discipline）は、ウィリアムソンが想定する以上に強く、ミニチュア資本市場における経営者の恣意性の作用や関係者の政治的圧力の作用は、ウィリアムソンが想定した以上に大きいと思われるからである。

ところが、H組織の本社（参謀本部）といえども、その重要性に目覚め、その働きに期待して、もっと大きくしようという企業が現れた。ソフトバンクである。

孫正義の大きな本社

ソフトバンクの創業者・孫正義は、1978年に開発した電子翻訳機でシャープから1億円の資金の提供を受け、1980年にパソコン向けパッケージソフトの販売事業を福岡で立ち上げ、1994年にはアメリカでソフトバンク・ホールディングスを設立し、1996年にはアメリカのヤフーに多額の出資をし、ヤフーと合弁でヤフー・ジャパンを設立、1998年の東証一部上場にともない、ソフトバンクは持株会社に、他の現業部門はその小会社として分社化された。2000年にはその株式時価総額はトヨタ自動車に次ぐ第2位になったが、広く一般にソフトバンクの名前が知られるようになったのは、2005年にプロ野球球団福岡ダイエーホークスを買収し、翌2006年ボーダフォン日本法人を買収して携帯電話事業への参入を果たした後のことであろう。

以来、ソフトバンクは企業買収や出資を繰り返す投資会社として発展してきたが、2012年アメリカ第3位の携帯電話会社スプリント・ネクステルの買収を決定して以降、さらに2013年末にはアメリカ第4位の携帯電話会社TモバイルUSの買収計画も加えて、ついにソフトバンクの立ち位置は、日本のソフトバンクからいよいよ世界のソフトバンクへと飛躍しようとしているのである。

2005年に竣工した東京汐留ビルディングのオフィス・フロアとなっている3階から26階までを占めているのは、ソフトバンク本社をはじめとするソフトバンク・グループを構成する主要企業の本社である。この本社に加えて、スプリントの買収を2013年7月に完了した直後の同年9月に、ソフトバンクの世界戦略拠点として、新たにシリコンバレーオフィスを開設し、すでにスプリント（本社カンザス）やソフトバンクなどの社員が100人以上結集し、将来は1000人規模にまで増やす計画だという。(3)

2種類の持株会社

ソフトバンクは、その定款に、みずからの目的を「国内外において・・・事業を営む会社の株式または事業体の持分を取得・所有することにより、当該会社・事業体の事業活動を支配・管理すること」と明記している。その投資対象となる事業分野は、電気通信事業を主軸にしながら、きわめて広範囲に及ぶのであるが、さらに、それらに付帯・関連する一切の事業を含み、なおかつ、これらの「付帯・関連する一切の事業を営むことができる」として、純粋持株会社としても事業持株会社としても展開可能な規定になっている。

ソフトバンクは、現業部門をすべて小会社等に分担させているので、事実上、まぎれもなく純粋持株会社である。しかし、現業部門の活動成果をじっと寝て待つような持株会社ではない。これまでの、そして、これからのすべての現業活動を最適化するために先頭に立って戦い続ける持株会社なのである。

例を挙げればきりがないが、２００４年10月には携帯電話事業への参入を狙い、総務省を相手取った行政訴訟まで起こした上で、特定基地局の開設計画の認定を受け、系列のＢＢモバイルに１・７ＧＨｚの周波数が割り当てられたが、この新規事業者向けの割当周波数はボーダフォン日本の買収後に不必要となったため返納している。このようにして繰り返された規制緩和に向けての行政当局との真剣な戦いがあったからこそ、その時その時にできる最善を尽くす努力の果てに、ソフトバンクは、みずからの成長の道筋を切り開くことができたのである。

そして、ソフトバンクの既成秩序への挑戦は、モバイル通信事業だけにとどまらず、再生可能エネルギーにもとづく電力事業の分野にも広がろうとしている。こうした姿勢は、事業分野は異なるけれども、かつてイギリスにおいてヴァージン・グループを率いて航空業界・鉄道業界における規制緩和路線を切り開いたリチャード・ブランソンの精神につうじるものがある。

しかし、ソフトバンクの本社機構は、行政の許認可や政府規制の緩和を勝ち取るためにも機能したが、そのためだけに存在してきたのではない。日進月歩の進化のスピードが速いＩＴ産業において、明日のＩＴ「利用」産業を構築していくためには、ハードとソフトの数多くの作り手たちの中から常に新しい組み合わせを探し、これまで存在しなかったＩＴサービスを提供していくことが必要だろうし、この分野でそうしたことを１人でこなすのは、卓越した産業オーガナイザー・孫正義をもってしてもほとんど不可能であることをご本人が承知しておられるだろうし、これまでも同僚たちの専門分野の知識や経験やアイデアにも支えられてきたことを承知していればこそ、ソフトバンクの従来の本社だけでなく、その世界戦略拠点であるシリコンバレーオフィスも大きなものにならざるをえないのではないかと思われる。

ソフトバンクの本社機構に関連して、あと１つだけ触れておきたいことがある。最近では、我が国でも社外取締役を導入する企業が増えてきているが、中には、小説家、スポーツ選手、大学教授といった肩書きの人たちも交じっていたりする。それなりの意義は十分に認めるものの、部外者の目からすれば少し形式的に感じてしまう時もある。

その点、ソフトバンクの社外取締役としては、同時に株式上場を果たしたファーストリテイリングの柳井正が2001年から、アメリカの投資銀行家マーク・シュワルツが2006年から、そして、日本電産の永守重信が2014年から参加しているのである。柳井正と永守重信の両氏は、我が国屈指の現役の敏腕経営者であり、その厳しい観察眼と発言力が期待されるが、その上でなお、彼らを社外取締役として迎え入れる孫正義の度量の大きさとソフトバンクのさらなる発展にかける意気込みの強さを感じるところである。

さて、ソフトバンクは、定款上も実際上も「事業戦略を練り事業経営を行う持株会社」として活動しているのであるが、その点、その対極にあるバークシャー・ハザウェイは、「投資だけを行う持株会社」として、ウィリアムソンの想定する伝統的な持株会社にとどまっているようである。

バフェットの小さな本社

ウォーレン・バフェット率いる持株会社バークシャー・ハザウェイのアニュアル・レポート（年次報告書）には、次のような記載がある。

我が社は、子会社をとおして数多くの多方面にわたるビジネス活動に従事している。

我が社の現業事業は、きわめて分権化された基準に則って運営されている。本質的に（販売、マーケティング、購買、法的資源や人的資源といった分野での）集権的もしくは統合的なビジネス職能は存在していないし、現業事業の日々のビジネス活動に関して、我が社の管理本部は最小限の関与（minimal involvement）しか行わない。・・・バークシャーには、およそ28万8千人の従業員がいるが、そのうちの24人だけが本社（管理本部）で働いている。[4]

バークシャー本社の上級企業経営チームは、重要な資本配分の決定、新たな投資活動に専念し、個々の現業事業を率いる経営者（Chief Executive）の選任に参加して、バークシャーの全体的かつ究極的な責任を負っている。個々の現業事業を率いる経営者たちは、いわば慣例的にバークシャー本社から自立していたほうが彼らのイニシャティブ（発案力・率先力）を引き出すのに好都合だと考えられている。そして、彼らが稼ぎ出したキャッシュは、彼らが率いる個々の現業事業内に絞って投資するよりも、バークシャー本社がもっと広い範囲で投資したほうが効率的だというわけである。

たしかに、バークシャーの投資先企業の事業分野は、比較的歴史の長い伝統的な事業分野が多く、オマハの賢人・バフェット自身がよく言う「自分がよくわかる事業分野」だけに限定されているように思える。

アメリカ新聞業界に買収の波

このところ買収の対象になる業界は多岐にわたるが、アメリカの新聞業界における買収の波は、ひときわ耳目を集めるものであった。

2013年の夏から秋にかけて、アメリカを代表する2つの名門紙が立て続けに売却された。どちらも買い手は法人企業ではなく、個人の投資家であった。まずニューヨーク・タイムズ傘下の有力紙ボストン・グローブが大リーグ球団レッドソックスのオーナー、ジョン・ヘンリーに売却されたと思いきや、引き続いて、もう1つの名門紙ワシントン・ポストがネット通販大手のアマゾン・ドット・コムのジェフ・ベゾス最高経営責任者に売却されたのである。

ネット時代になったということで、新聞の売上げが減少傾向にあることは近年たまに話題になることもあったが、アメリカを代表する2つの名門紙がどちらも個人が買収できるまでに値を下げていたことにあらためて気づかされたのである。たしかに、この2人は、たとえ個人とはいっても桁外れの富裕層なのではあるが。

ただし、ワシントン・ポストは、新聞事業だけを売却したのであって、会社名を80年にわたってワシントン・ポストを運営してきた一族の名前をとった「グラハム・ホールディングス」に変更し、教育事業やテレビ事業を中心とする会社として再出発したという。

このような新聞社買収の先駆けとなったのが、実はバークシャーによる地方新聞社の一連の買収であった。２０１１年11月のネブラスカ州オマハの地元紙オマハ・ワールドヘラルドの買収を皮切りにして、バークシャーは、２０１２年中にアメリカの地方紙63紙をひとまとめに買収した。バークシャーはワシントン・ポストの筆頭株主であったし、バフェット自身、幼いころ新聞配達をして投資資金を稼ぐなど、もともと新聞メディアへの関心が高かったのであるが、一方において多数の地方新聞社を買収するかたわら、他方において筆頭株主であったワシントン・ポストの新聞事業を売却したのである。

アメリカでは、新聞事業を衰退産業として受け止める投資家が多かったので、バークシャーのこうした動きは驚愕以外のなにものでもなかった。バフェットの狙いはどこにあったのだろうか?

ここでは、２０１２年にその地方新聞事業のすべてをバークシャーに売却したメディア・ゼネラルに焦点を当てて考察してみよう(5)。

メディア・ゼネラルの当時の社長兼CEO、マーシャル・モートンは、2億2500万ドルの借金返済期限まであと8日となり、これまで修正に修正を重ねてきた債務契約がいよいよ不履行になろうかというギリギリのところで、会社を救う1つのプランに辿り着いたのであった。

モートンによる新聞事業の割愛プランは理解しやすい。しかし、買い手のバフェットによる新聞事業の購入プランがただちに株主たちに歓迎されたとは思えない。資産価値を急激に落としてきている企業の将来に自分の投資資金を投じる時、その人はその企業の何にかけるのだろうか? 成長、継続、それとも衰退に?

2012年6月25日、メディア・ゼネラルは、その傘下にあったすべての地方新聞社(日刊・週刊あわせて63社)をバークシャーの子会社、ワールド・メディア・エンタープライズに1億4200万ドルで売却した。これ以降、メディア・ゼネラルは、テレビ放送とデジタル・メディアの会社として再スタートすることになったのであるが、それにしても、この売却に先立つ4年間で売上げを31%落とし、株価を90%も落とした会社をモートンはバフェットに売り抜いたのである。

これまでの新聞読者の一部は、そして、これからの潜在的な読者の多くが、印刷されたニュース源からテレビやネットなどのもっと直接的なニュース源のほうにニュースを入手する軸足を移してきているのは明らかである。

さらには、印刷代、用紙代、労務費、等々のコストは上がってきていて、これに売上げ減が重なり、利益幅は縮小してきている。

こうした状況下にあって、バフェットは、1億4200万ドルの資産契約に加えて、4億ドルのターム・ローン（短期の貸し出し）を含む貸付契約を行ったのである。

ただし、バフェットは実のところ、メディア・ゼネラル傘下の最大規模の新聞社タンパ・トリビューンを買収対象から外していた。このタンパ・トリビューンも、ほどなくして結局、同年10月にタンパ・メディア・グループに売却されたのであるが。いずれにしても、バフェットの買収ターゲットが比較的小規模の地方紙に絞られていたことは興味深いところである。大都市の新聞や広域市場をもつ新聞に比べれば、小さな町の新聞はそれほど多くの競争相手や代替媒体をもっていない。そして、小さな町では、広域ネットワークに載ることのない、その地域内のさまざまな出来事がコンパクトにまとめられた新聞に対して、意外と根強い需要が存在しているのかもしれない。

また、これまでも株価を大きく落とした会社がすべてだめになったわけではない。メディア・ゼネラルは、4年間で90％株価を落としていた。ところが、わずか2年で99％株価を落とした企業があった。ソフトバンクである。ソフトバンクについては、第4章で検討したいと思う。

ダナハー・新しいジンテーゼの登場

2つの対極にある持株会社を見てきたが、本社機構は小規模ながら傘下企業の経営指導を本格的に行う、いわばジンテーゼ型の持株会社も登場していることをこの章の最後に触れておきたい。

ダナハーという名前の企業が誕生したのは、1984年のことであった。ダナハー（Danaher）の由来は、ケルト語のダナ（Dana＝swift flowing＝急流）からとられたという。ダナハーの前身は1969年創業の不動産投資信託会社だったのであるが、1980年代後半以降、事業分野を大きく転換して、最先端の科学・技術に特化した傘下の企業に適用されるようになったのがダナハー経営システムであった。ダナハー経営システムは、日本の日々の継続的な「改善」運動に触発され、これをアメリカに導入するために開発された経営システムなのであった。いまや6万6千人[6]に及ぶ従業員を束ねるアメリカ・ワシントンDCにある本社オフィスで、約15人[7]のスタッフがM＆A戦略を練っているのである。

ダナハーは、1984年設立以降の30年間で、すでに400社を超える企業を買収しているのであるが、現在のところ全部で39社に集約されていて、その事業分野は検査・測定分野、環境分野、歯科分野、生命科学・診断分野、工業技術分野の5つのゾーンのいずれかに収まるかたちで統括されている。その製品やサービスは、全世界125カ国以上の国々において提供されており、2013年の売上高は、191億ドルにのぼっている。

たとえば、ダナハーの年次報告書によれば、歯科分野には10社が存在するが、そのうちの2社カヴォー社とケール社でいまやアメリカにおける歯科治療と診断の99％のサービスを賄うに至っているし、検査・測定分野には5社（フルーク社など）が存在するが、いまやフォーチューン・トップ100社のうちの98社の革新に貢献している。

また、工業技術分野には11社が存在しているが、そのうちの1社エスコは小売りパッケージの9割を企画設計している。生命科学・診断分野には6社が存在するが、そのうちの1社ライカ・バイオシステムズはアメリカのトップ50にランクされる癌センターに100％

の信頼を得てきている。環境分野には7社が存在するが、そのうちの1社ギルバーカ・ヴィーダールートの技術を石油大手企業25社のうち23社がガソリンスタンドの経営に活用している。

唐突ながら、エジソンが発明家あるいは研究開発者として優れていたことは誰しも認めるところであるが、企業経営者としても万全であったかというと多少とも疑問が残るところであろう。ダナハーは、そうした轍を踏まないために、主として北米および欧州各地に散らばった優れた研究開発能力を分野ごとに結集し、そのシナジー効果を高めるのに貢献しているのである。

註

(1) たとえば、アメリカのジャーナリズムにおいては、ウォーレン・バフェット率いる投資会社バークシャー・ハザウェイのことを持株会社と表現しているのをしばしば目にする。バークシャー・ハザウェイは、たしかに複数の企業を完全所有しているのであるが、投資金額としては、過半数未満の株式保有でありながら筆頭株主として数多くの有力企業に出資している比重のほうがよほど大きい。バークシャー・ハザウェイのような投資会社にとっては、株式所有比率が過半を超えているかどうかよりも、筆頭株主であるかないかのほうが意義深いのであろう。

（2）Oliver E. Williamson, *The Economic Institutions of Capitalism: Firms, Markets, Relational Contracting,* The Free Press, 1985, p.295.

（3）ちなみに、２０１４年３月31日現在、ソフトバンクの連結対象企業の従業員数が７万３３６人であるのに対して、ソフトバンク本社の従業員数は１８５人である。ソフトバンクの『有価証券報告書（２０１４年３月期）』12頁。

（4）Berkshire Hathaway Inc., *2012 Annual Report,* March 1, 2013, pp.65, 101.

（5）Cf. Benjamin C. Esty and Aldo Sesia, "Buffett's Bid for Media General's Newspapers," *Harvard Business School Case,* 9-213-142, June 31, 2013. Deborah Blagg, "Citizen Buffett: Why did Warren Buffett get into the newspaper business?," *HBS Alumni Bulletin,* Vol.89, No.4, December 2013, p.26.

（6）ダナハーの年次報告書によれば、その内訳は、アメリカ国外３万７千人、アメリカ国内２万９千人で、アメリカ国内従業員のうち時給の報酬を受ける組合加入従業員は１７００人となっている。*2013 Danaher Form 10-K,* p.12.

（7）宮東治彦・ほか13名「革新力・The Company 殻を破る⑤」『日本経済新聞』２０１４年４月11日。

第4章　ソフトバンク・急成長の推進力

ソフトバンクの時価総額は大きく動いた

ソフトバンクは、1981年、東京に株式会社を設立登記して以降、1997年の株式店頭市場登録を経て、1998年1月の東証一部上場までに17年かかっている。孫社長は、日本では「上場までに平均で23年もかかった」が、アメリカのシリコンバレーでは、「企業に資本を投じるベンチャーキャピタルは一般に7年で投資資金を回収し、出資者に返さなければならない。日本では上場まで長くかかるから、ベンチャーキャピタルが成り立たず、結果として企業が育たなかった」と指摘したことがあった(1)。

ソフトバンクは、シリコンバレー基準からは10年の遅れをとったとはいえ、シリコンバレーならぬ当時の日本で平均よりも6年早く上場を果たしているのである。

そして、1999年の後半期に入って、情報通信株への人気一極集中に拍車がかかり、

１９９９年11月10日における東証一部銘柄の時価総額ランキングの上位にＮＴＴドコモ（1位）、ソフトバンク（8位）、ＮＴＴデータ（9位）、光通信（19位）などの新顔が登場して、この1年間で相場の主役がすっかり様変わりしたのである。ネット株ブームは続き、同年12月22日ソフトバンクは6位に浮上し、同年末の大納会（12月30日）にはソフトバンクの時価総額は10兆円を超えるまでになり、前年末からわずか1年で15倍以上に膨らんだのである。この勢いは２０００年に入ってもなお続き、2月初めにはソフトバンクの時価総額は15兆円近くにまで達して4位となったかと思いきや、2月下旬には18兆円を超えて3位となった。

しかし、その後徐々に値を下げて、２０００年末にはソフトバンクの時価総額は1兆3千億円で56位となり、２００２年末には5千億円を切って46位に、さらに２００３年にもソフトバンク本体の株価は低迷したのであるが、子会社ヤフーの株価は堅調に推移して、同年10月28日にヤフーはジャスダックから東証一部に上場の場を換えるまでになった。

この辺りから徐々に復調の兆しが見えてきて、２００５年8月22日には、ソフトバンクの時価総額は2兆円近くにまで戻して31位となり、２００６年3月31日には、3兆6千億円を超えて23位となった。そして、アップルのスマホiPhone（アイフォーン）の先行販売、さらにはスマートフォン向けのゲーム「パズドラ」（パズル&ドラゴンズ）をヒットさせたガンホーへの出資などを背景にして、２０１３年7月17日、ソフトバンクの時価総額は7兆4千億円に達して第3位にまで戻ってきたのである。おりしも、多額の有利子負債を背負って断行されたアメリカ携帯電話3位のスプリント・ネクステルの買収が同年7月11日に完了したばかりでもあった。さらに、ソフトバンク株は続伸し、同年7月23日、前日比３３０円（５％）高の６８２０円で引けたのである。時価総額は8兆１８８５億円と、ＩＴバブルが崩壊した２０００年以降で初めて8兆円台に乗せたのである。そして、ついに同年10月3日、ソフトバンクの時価総額は9兆円を超え、東証第2位に浮上し、同年11月25日には10兆円を上回った。さらに、２０１３年の最後は11兆円越えで飾っている。

かつて一時的にしても20兆円を超えた時価総額がまたたくまに2千億円という底の底まで１００分の１に縮んだこともあったのに、それがまた時価総額第2位まで這い上がったのであるから、株価の動きの波は計り知れないものがあるが、時価総額こそは企業売買時における取引価額を決定する際の最も依拠されるべき基準であり続けてきているのである。

借りれば借りるほど借入れ利息は安くなる

注目すべきは、多額の有利子負債をさらに重ねることになったスプリントの買収によって、株価が大きく上がったという事実である。もちろん、短期的・一時的には、下がっている。ボーダフォン日本法人の買収発表時には約6割ダウンし、スプリント買収発表時には約2割5分ダウンしたが、中・長期的にはもち直し、かえって上昇したのである。ソフトバンク式成長戦略に対する投資家たちの学習が進んだということかもしれない。いずれにしても、短期的な株価ダウンの度合いはかなり小さくなったのである。株価は、合併・買収時の企業価値判断に重要な情報なのであるが、日々の株価は、一瞬の欲望や恐れに影響されすぎることが多く、企業の内在的な価値を測るには、少なくとも数カ月、できれば数年の趨勢を見ることが必要であろう。

さらに驚くべきは、ソフトバンクは、買収資金の調達のために有利子負債を大きく上積みしたにもかかわらず、借入れ利息をかえって押し下げることに成功したことである。

まずは順を追って、2006年3月17日のボーダフォン日本法人の買収決定から見てみよう。ソフトバンクは、ソフトバンク全額出資子会社をつうじて、当時国内第3位の携帯電話事業者であったボーダフォン日本法人の発行済普通株式の約97・7%を以後1~2カ月以内に取得することでイギリスのボーダフォン本社と合意した。ボーダフォン日本法人の株式価値は約1兆7500万円とされ、買収資金として、ソフトバンク出資2千億円、ヤフー・ジャパン出資1200万円、LBOによるノンリコースローン（非遡及型借入金）1兆1千億円〜1兆2千億円、さらにボーダフォン全額出資金融子会社からの3千億円相当の優先株式（新株予約権付き）と1千億円相当の劣後債投資によって総額4千億円が充当されることになった。

同年4月4日、ソフトバンクは、ボーダフォン日本法人の買収資金調達のために、7社の金融機関を共同主幹事に決定した。最終的に総額1兆2800億円にのぼったLBO案件は、我が国における過去最大の案件となった。利子率は、3・8%といわれている。

一方、ボーダフォン本社の株主は、この結果支払われた現金の大半を配当として受け取ったとされる。かくして、同年10月1日、ボーダフォン日本法人はソフトバンクモバイルに商号を変更したのである。

そして、2012年10月には、1日にイー・アクセス買収を発表した2週間後の15日に、アメリカ携帯電話第3位のスプリント・ネクステルの買収を発表した。この時点におけるスプリントの買収額は、およそ201億ドル（1ドル＝78円で換算して、約1兆5709

億円）であり、そのうち約１２１億ドルはスプリントの株主に支払われ、80億ドルは同社の財務体質の強化等に投資されることになった。この買収によって、ソフトバンクは、スプリントの完全親会社となる新スプリントの株式の約70％を保有することになる。

スプリントの買収は、少し手の込んだものになったというか、決済方法としてある種の進展があった。スプリントの既存株主の立場からみた決済方法の骨子は、次のとおりである。

スプリントの既存株主は、合併対価として、約１２１億ドルの現金「および」新スプリントの株式の約30％を受け取ることになった。しかも、スプリントの既存株主は、スプリントの株式１株あたり、７ドル30セントの現金「または」新スプリント株式１株のいずれかを受け取る権利を有するという。総枠としての合併対価の配分基準に依拠しながら、個人としての合併対価の配分選好もある程度尊重するという姿勢である。ただし、対価として選択された現金の合計額または新スプリント株式の合計が上記の総枠を超過した場合には、スプリントの既存株主間で按分比例の方式により調整される。

ここにおいて注目すべきは、ソフトバンクの買収方法の中に、イー・アクセス買収時と同様、できれば株式交換方式も加えていきたいという意図がはっきりみえてきたことである。

この買収のための資金は、買収発表時の会見では、ソフトバンクが保有する手元資金7千億円、および4社の金融機関がアレンジし、引受を合意した新規のブリッジローン1兆5千億円を充当することになったとされる。利子率は、1・4%といわれている。なんと今回の利子率は、ボーダフォン日本法人買収時の2分の1以下、3分の1近くの水準になったのである。

買収に必要とされる資金とそのために準備できる資金とのダブついた分をどちらで調整するかといえば、これほどの低金利が用意されたのであれば、手元資金を見せ金にして、ソフトバンクがレバレッジを狙うのはごく自然だと思われる。

決算短信によれば、当初の1兆6500億円の借入れ契約を減額し、最終的には、1兆2849億円の借入れ契約になっている。このブリッジローンには、新スプリント等の買収準備会社の証券その他全資産が担保となっているが、これ以外に、無担保の普通社債が、円建てで3700億円、ドル建てで24億8500万ドル（2441億円）、ユーロ建てで6億2500万ユーロ（802億円）発行された。総額1兆9792億円にのぼる有利子負債が上積みされたのである。その結果、スプリントの子会社化に関わるブリッジローン等のリファイナンスを目的として、総額1兆9800億円の借入れ契約（パーマネントローン）を2013年9月13日に合計19社の金融機関と締結している。

自己資本比率は低くても

2006年3月期の決算時におけるソフトバンクは、売上高1兆1千億円、当期純利益580億円、総資産1兆8千万円、自己資本2400万円であったが、ボーダフォン日本法人の買収後の2007年3月期には、売上高2兆5千億円、当期純利益290億円、総資産4兆3千億円、自己資本2800万円となった。売上高と総資産は2倍以上に伸びたが、自己資本はほとんど変わらず、当期純利益は半減した。自己資本比率も、13%から6・5%へと半減した。

2013年3月期の決算時におけるソフトバンクは、売上高3兆4千億円、当期純利益2900億円、総資産6兆5千億円、自己資本1兆6千億円であった。自己資本比率は、24・6%まで回復した。

2013年7月10日におけるスプリント買収完了を経た2014年3月期の決算では、売上高と総資産はおおよそ倍増し、自己資本比率は多少低下したとはいえ17・1%に踏みとどまったのである。

自己資本当期純利益率のほうは、2014年3月期までの2年間で18〜21%を達成していて、優良企業としての収益力を十二分に保持している。

ちなみに、2013年3月期におけるNTTドコモの自己資本（株主資本）比率は75%強、自己資本当期純利益率は9・15%であり、同年度におけるKDDIの自己資本（純資産）比率は57%弱、自己資本当期純利益率は10・4%であった。ソフトバンクとは対照的な財務構造であり、財務体質なのである。

これまで自己資本比率がこれほど低い超優良企業が存在しなかったこと自体が、ソフトバンクの経営の凄さを物語っている。なにしろ、自己資本に対する当期純利益の倍率が、2006年3月期に2417倍、2007年3月期でも1036倍にも達している。自己資本が1円あたり1年で2417円、引き続いて次の年に1036円も稼いだのである。

レバレッジ（てこ）を効かせる

かつて「トヨタ銀行」とか「松下銀行」といった言い回しを耳にすることがあった。銀行に頼らなくても、自前で設備投資資金が用意できるほど利益の内部留保が豊かで、実質無借金の企業を指したのである。

現代でも、できるだけ自己資本を充実して、できるだけ負債比率を高めないようにするという経営姿勢を堅持する経営者は多いかもしれない。堅実な経営は称揚されこそすれ、非難されるべきではない。しかし、スピードが求められているときに、この堅実経営でいつも間に合えばよいのであるが。

ケンブリッジ大学のエイドリアン・ウッドは、企業の財務行動に関する分析の中で、次のように述べている。

企業は、負債比率が高くなるほど、より高い利子率を支払わねばならない。・・・究極的には、負債比率があまりにも高ければ、どんな利子率でも貸付はにべもなく拒否されることになろう(2)。

企業が資金を外部から借り入れる時、自分の返済能力を貸し手に示す必要がある。一番手っ取り早い返済能力の証明は、自己の保有する不動産等の資産を担保にすることであろう。これで貸し手はひとまず安心かもしれないが、これでは借り手とともに繁栄するという姿勢は育たない。

できれば収益獲得能力によって返済能力を証明するのが理想なのであるが、ソフトバンクは、まさしくこれをボーダフォン日本法人の買収後の実績で証明したのである。

融資家は、収益獲得能力のない担保物件よりも、たとえ担保物件はなくても証明された収益獲得能力のほうに魅力を感じるものである。現代の融資家は、昔の一部の「金貸し」とは異なり、ほとんど投資家と同じような基準で行動するようになってきている。現代の企業金融の特質は、多彩な証券化された金融商品の普及によって、負債と資本の垣根がますます低くなってきたことに求められる。

その点、ウッドの利子率定理はいかにも古めかしいが、百年以上前の次のヴェブレンの指摘は今でも新しい。

> 近代の・・・企業状況では、資本と信用拡張は、事実上、つねに必ずしも区別されないし、また、それらのものを区別すべき決定的な企業上の理由は少しもない。・・・現代の株式会社の企業資本は、日々変動する量である。そして、・・・その信用拡張の量も、市場の針路とともに、日々変動する。(3)

ただし、収益獲得能力に引き寄せられる資本と信用拡張がどんなに同質化したといっても、決定的な違いは残る。両者を区別すべき決定的な「投資上の」理由は少しもないが、両者を区別すべき決定的な「企業上の」理由は存在するのである。株式資本は、時間の経過に対して不確実な変わりやすい関係をもつが、有利子負債は、必然的に時間単位あたり何％と計算する関係をもっているからである。

利子率はあらかじめ契約によって確定するが、利潤率は、あらかじめいかようにでも思い描けるにしても、事後的にのみ確定する。そして、結果的に、利子率＜利潤率である限り、借り手はレバレッジ効果を享受できるが、利子率＞利潤率となったら、借り手どころか貸し手も悲惨なことになる。

借り入れた資金を運用して、あらかじめ契約した支払利息以上の営業利益をえることができれば、その差額部分は、他人資本の増分によって稼いだ自己資本利得ということになる。こうした、いわば「他人のふんどしで相撲を取る」にもかかわらず、めっぽう強い企業家がたくさんいれば、資本主義経済は活性化する。だぶついた余剰資金は、有効な投資先を求めて吸収されてゆくからである。その際、実は、伝統的な他人資本と自己資本の区別はほとんど意味がない(4)。現在の上場株式会社の自己資本あるいは株式資本の多くが、実質的に「他人の資本」となっており、むしろ、無機能資本と機能資本の区別のほうがよほど意義深いものがある。

レバレッジといっても、自己資本が他人資本を梃子にして稼ぐというよりは、機能資本が無機能資本を梃子にして稼ぐといったほうがより本質的かつ論理的であることは明らかである。たとえ計算上、さしあたり機能資本＝自己資本、無機能資本＝他人資本とせざるをえないにしても。

ＬＢＯの提供者である金融機関は、ソフトバンクの経営に直接タッチしない無機能資本家であるが、ソフトバンクは、提供されたＬＢＯ資金を実際に運用する機能資本家なのである。そして、収益獲得能力を発揮した機能資本家が無機能資本家以上に稼ぐのは、資本主義経済における鉄則である。このことこそが機能資本家と無機能資本家とを取り結ぶのであって、こうした関係に無機能資本家は満足するものであって、本来、不満とするものではない。無機能資本家は、個々の機能資本家の「機能」に依存して稼ぐのであり、また、総体としてのポートフォリオ・マネジメントで稼ぐのである。

無機能資本家には利子が支払われ、機能資本家が利潤を受け取る。利潤には、資本所有の果実としての利子相当分と資本運用の果実としての企業者利得とが含まれる。利子を超える利潤の超過分である企業者利得の大きさは、資本の所有から独立していて、むしろ非所有者としての、したがって、じつに労働者としての諸機能の成果にほかならない。無機能資本家の最先端には、間接金融の担い手である一般預金者が存在しているように、機能資本家の最先端には、実際の企業経営の現場で懸命に働く労働者が存在している。

ちなみにソフトバンクの企業者利得を計算してみよう。利子率は、ボーダフォン日本法人買収時のローン利子率3・8％を適用する。2007年3月期の機能資本（自己資本）2800万円の稼ぐ利子相当分は、106万4千円となる。当期純利益290億円からこの利子相当分を差し引いた289億9893万6千円が企業者利得となる。2013年3月期の機能資本1兆6千億円の稼ぐ利子相当分は、608億円となる。当期純利益2900億円からこの利子相当分を差し引いた2292億円が企業者利得となる。

こうした企業者利得こそ、機能資本家に対する真性の報酬なのであるが、すでに一般従業員への労働報酬が支払われた後なので、税引き後は将来分も含めて株主への報酬となりうるが、相応のリスク・プレミアムを超える分については、ソフトバンクの経営に携わった本来の機能資本家たちに報われてしかるべきものであろう。

安定した通信料収入

前項で、利子率に比べて、利潤率は事前に不確定であると述べたばかりである。利子率との対比でいえば、そのとおりなのであるが、利潤の元となるキャッシュフローがある程度読みやすい業種は存在する。たとえば、電力事業や通信事業がそれである。

通信事業は、一度契約すれば、電気料金と同様に、毎月の通信料を得ることができるため、現在の契約状況から将来のキャッシュフローを推定することは比較的に容易なのである。

ソフトバンクは、ARPU（Average Revenue Per User）と呼ばれる「一契約あたりの月間平均収入」の大きさやその推移を重視してきた。たとえば、2013年12月末時点のソフトバンクモバイルの累計契約数は3476万件で、この四半期のARPUは4490円であった。一方、2013年9月末時点のスプリントの累計契約数は5487万7千件で、この四半期のARPUは、ポストペイド（3090万6千件）で約64ドル、プリペイド（1600万3千件）で約25ドルであった。他に、ホールセール契約数が796万8千件であった。

解約率を外して概算すれば、ソフトバンクモバイルは、通信料だけで年間1兆8728

億6880万円のキャッシュフローがあることになる。スプリントのほうは、ポストペイドで年間約237億3580万8千ドル、プリペイドで年間約48億90万ドル、合計約285億3670万8千ドル（1ドル＝百円換算で、2兆8536億7080万円）のキャッシュフローが見込めることになったのである。

アメリカでは、主流のポストペイド契約者の場合、月額利用額が我が国に比べて1・4倍ほど高く、しかも人口や国内総生産も伸び続けている。将来のキャッシュフローの見通しがきいて、銀行に示す返済計画に不確実性の少ない計算式を並べられるし、超低金利の日本で資金を借り、アメリカで安定した事業に振り向ければ、それだけで確実に利ざやを抜くことができるわけである。

ただし、金融機関から多額の資金を調達するには、結果的には、ある種の拘束性預金というか見せ金は必要となるだろうし、たとえ不測の事態が起きても、しのげる現金があることを示しておく必要はあるだろう。2013年3月期、ソフトバンクは、総資産の21％、1兆3700億円の現金・預金を保持したのに対して、NTTドコモは、総資産の6・9％、4900億円強の現金・預金、KDDIは、総資産の2・4％、970億円を現金・預金に寝かせるにとどめている。(5)

ところで、有利子負債（短期借入金＋コマーシャル・ペーパー＋1年以内に償還予定の社債＋長期社債＋長期借入金）をＥＢＩＴＤＡ（earnings before interest, taxes, depreciation, and amortization ＝営業損益＋減価償却費＋のれん償却額）で除した債務償還年数は、決算短信によれば、２０１１年３月期に２・２年、２０１２年３月期に１・５年、２０１３年３月期に１・８年、２０１４年３月期に４・７年と推移している。

スプリント買収発表時に示された純有利子負債／ＥＢＩＴＤＡ倍率は、ボーダフォン買収時に６・２倍だったのが、今回のスプリント買収時には３・２倍になったことが強調されていた。ＥＢＩＴＤＡのすべてが債務償還のために使われるわけではないが、こうした債務償還の年数あるいは倍率が、企業の収益力をベースにした有利子負債の償還能力を示すために利用されている。

また、ＥＢＩＴＤＡを支払利息で除したインタレスト・カバレッジ・レシオは、決算短信によれば、２０１１年３月期に８・９倍、２０１２年３月期に16・３倍、２０１３年３月期に31・３倍、２０１４年３月期に６・６倍と推移している。ＥＢＩＴＤＡのすべてが利払いのために使われるわけではないが、２０１３年３月期まで年度ごとに倍増してきた数値は、ソフトバンクの債務返済能力の向上ぶりを示している。

ソフトバンクは、2014年3月期に売上高6・7兆円、EBITDA1・8兆円、営業利益1兆円以上を達成しており、さらに2015年3月期には売上高7兆円、EBITDA2兆円、営業利益1兆円を見込んでいる。

モバイルインターネット革命のための準備

ソフトバンクは、2007年6月にアメリカで発売されて以来、人気の高いアップルのスマホ iPhone（アイフォーン）を1年後の2008年7月から日本国内で独占的に販売し、順調に事業を拡大してきたが、2011年10月にはKDDI、2013年9月からはNTTドコモも販売を始めたことによって、日本国内のユーザー数をこれまでのように飛躍的に増やすのは難しくなった。

そのためか、ソフトバンクの世界戦略は、風雲急を告げる感がある。

2013年7月にスプリントを傘下に収めた3カ月後の10月に、フィンランドのゲーム大手、スーパーセルの買収を発表した。総額15億3千万ドル（約1500億円）で発行済株式の51％を取得し、子会社化したのである。スーパーセルは、アップルの基本ソフト、iOS向けゲーム「クラッシュ・オブ・クラン」が世界的にヒットし、急成長を遂げている。とはいっても、2010年に創業されたばかりで、従業員数130名の新興企業スーパーセルに約3千億円もの企業価値を認めたことになる。

他方で、スマホ向けゲーム「パズル&ドラゴンズ」(パズドラ)を大ヒットさせたガンホー・オンライン・エンターテイメントの持分比率を2013年春に58・5%まで引き上げていて、スーパーセルとのタイアップでゲームの海外販売を強化していく態勢も整えつつある。

さらに、2013年10月には、携帯端末の卸売り事業を展開するアメリカのブライトスターの全株式をソフトバンクのアメリカ子会社をつうじて取得することで合意した。ソフトバンクは、ブライトスターの完全親会社になるこのアメリカ子会社の議決権株式の57%を所有することによって、ブライトスターを間接的に子会社化したわけである。ブライトスターは、世界の約200の通信会社と取引があるため、スーパーセルやガンホーのゲームの販売拡大につなげたい思惑もあるようである。また、ソフトバンクは、スプリントやブライトスターと共同でスマホを調達することによって、コスト低減を目指すこともできるであろう。

現在、ソフトバンクの傘下には1300社が存在しているという。ソフトバンクは、モバイルインターネット革命を世界的な規模で推進しようとする、まさしく現代版の国際的な巨大財閥になりつつある。

たとえば、ソフトバンクは、インドネシアで地元通信大手インドサットと組んで、5千万ドルの投資ファンドを設立した。主な投資対象は、電子商取引などインターネット関連の新興企業となる。インドネシアではネット利用者が1億人前後に達していて、東南アジア最多のネット利用者を擁する同国で有力企業を育て、収益源の拡大や海外事業のノウハウ獲得につなげるのが狙いだという。ソフトバンクは、すでに韓国子会社をつうじて、インドネシアの電子商取引大手トコペディアに出資していて、相乗効果が期待されている[6]。

傘下企業の中の稼ぎ頭の1つは、中国の電子商取引最大手のアリババ集団である。2014年9月19日にニューヨーク証券取引所に上場したところ、その日の終値をもとにした時価総額は2310億ドル（約25兆円）となった。創業者である馬雲（ジャック・マー）会長の株式保有比率は8・9％ながら、そのアリババにソフトバンクは、2000年前後から投資を開始し、現在、36・7％の株式を保有し、アリババの成長を背後から支えながら、その成果の3分の1以上を吸収する構造になっている。

ところで、日本国内のM&Aとしては、ソフトバンクによる株式交換をつうじてのイー・アクセスの完全子会社化がある。２０１２年10月1日、ソフトバンクとイー・アクセスは、ソフトバンクを株式交換完全親会社とし、イー・アクセスを株式交換完全子会社とする株式交換契約を締結した。

１９９９年創業のイー・アクセスは、東証一部上場を果たした後、その完全子会社のイー・モバイルを吸収合併し、さらに、ソフトバンクの完全子会社となった後、２０１３年7月からソフトバンクの連結対象となったウィルコムとの連携も深まってきている。イー・アクセスとウィルコムを傘下に収めたソフトバンクは、ちょうどスプリントにおけるプリペイド路線に近い低価格路線をもカバーするだけではなく、ユーザーの多様な要望への対応力も高めてきているのである。

株式交換方式の買収へ

イー・アクセスの株価は、買収されるまで、およそ1年以上にわたってほぼ2万円以下で比較的に安定して推移していた。それがソフトバンクによるＴＯＢの発表と同時に、いっきに4万、5万、6万円と跳ね上がっていったのである。1年以上にわたってほとんど2万円を切っていたイー・アクセスの株式を1株5万2千円とし、これを当該買収契約締結日前日までの3カ月間のソフトバンクの株式取引の終値の平均値である1株3108円で除した16・74が本件の当初の交換比率であった。

しかし、この交換比率は、すぐに変更された。イー・アクセスの1株あたり評価額はそのままにして、これを2012年10月17日から同年11月2日までの期間のソフトバンクの株式取引の終値の平均値である1株2589円で除した20・09に交換比率が変更されたのである。イー・アクセスの株式1株につき、ソフトバンクの株式が20・09株与えられることになったのである。

イー・アクセスの1株あたり評価額5万2千円にその発行済株式数346万5180株を乗じた約1800億円が、ソフトバンクによるイー・アクセスの買収額なのであった。当時の資本金185億円の約10倍、純資産864億円の約2倍強で売却されたのである。この買収額と純資産の差が、イー・アクセスの「のれん」の評価額であり、将来収益力の評価額なのである。そして、ソフトバンクが引き継いだ負債も加算した2200億円が、イー・アクセスの企業価値総額なのである。

それにしても、興味深いのは、買収額を決める手順である。まず買収側であるソフトバンクの最近の終値の平均値をとる。しかるのちに、株式交換比率を決めて、これにソフトバンクの平均値を乗じてイー・アクセスの買値を算出する。しかし、ソフトバンクの株価の変化を受けると、イー・アクセスの買値は据え置いたままにして、株式交換比率の変更によって対応しているのである。

では、当初の株式交換比率はどのようにして決定されたのであろうか？　しかるのちに、買収発表後の両社の株価の変化を受けて、わずか1カ月ほどで交換比率を相当大幅に変更せざるをえなかったのであるが。

２０１２年10月1日と同年11月2日に、株式交換比率に関する各財務アドバイザーの分析概要が公表されている。ソフトバンクの財務アドバイザーが2社、イー・アクセスの財務アドバイザーが1社、計3社による株式交換比率の算定結果を集約すれば、図表4－1のとおりである。

3社がそれぞれに、同一時期の同一企業間の株式交換比率を代表的な3つの算定方式を使って算定したものである。3社ともすべての算定方式において1つの算定数字に収斂させるのではなく、上限値と下限値を示すゾーンとして表現している。しかもそのゾーン取りがきわめて広いのである。各算定法の最上段が最大値、最下段が最小値、中央の2段が3社の共通ゾーンにおける最大値と最小値である。

図表４－１　ソフトバンクとイー・アクセスの株式交換比率の算定結果

算定方法	2012年10月1日		2012年11月2日	
市場株価基準法	最大値	7.07	最大値	16.77
	共通域最大値	5.27	共通域最大値	5.75
	共通域最小値	4.72	共通域最小値	5.70
	最小値	3.92	最小値	4.71
類似企業比較法	最大値	16.87	最大値	20.25
	共通域最大値	6.13	共通域最大値	5.21
	共通域最小値	2.73	共通域最小値	3.02
	最小値	0.22	最小値	0.55
割引キャッシュ・フロー法	最大値	22.71	最大値	27.45
	共通域最大値	15.60	共通域最大値	18.74
	共通域最小値	15.55	共通域最小値	16.52
	最小値	6.42	最小値	7.72

経済価値計算について、かつてケインズは次のように述べたことがある。

将来を左右する人間の決意は、それが個人的なものにせよ政治的なものにせよあるいはまた経済的なものにせよ、厳密な数学的期待値に依存しえない――なぜなればかかる計算を行うための基礎が存在しないからである――ということ、そして車輪を回転させるものはわれわれの生得的な活動への衝動であって、われわれの合理的な自己は、可能な場合には計算をしながら、しかし、しばしばわれわれの動機を気まぐれとか感情とか僥倖とかに頼らせ

ながら、選択すべきもののうちからできうる最善の選択を行うということ、これである。(7)

私たちが、あらためて噛みしめるべき言葉ではないだろうか。

それにしても、驚愕に値するほどの広がりである。専門の金融機関が、同一の基礎的データにもとづいて、これほどばらついた算定結果を出すのである。(8)しいていえば、実際に採用された株式交換比率は、割引キャッシュ・フロー法にもとづく算定結果の3社共通ゾーンにおける最大値に若干上乗せした交換比率が採用されたことになる。

イー・アクセスの発行済株式数3465180株にたいして株式交換比率の20・09株を乗じれば、この買収によってソフトバンクは、新たに株式を6961万5466株発行することになり、ソフトバンクの発行済株式数は、11億772万8781株から11億7734万4247株に増加して、ソフトバンクの株式は約6％希薄化することになったのである。

2012年3月期の実績だけでみると、ソフトバンクとイー・アクセスの合併によって、売上高はちょうど6％の増加となって株式の希薄化を相殺するが、営業利益は3・

5％の伸びにとどまり、当期純利益は4・8％の伸びにとどまる。将来の合併効果の上昇が期待されるところである。(9)

アメリカ3強体制への布陣と障壁

こうしたソフトバンクによるM＆Aの集中的な展開を経て、当面、最重要視されるべき課題は、スプリントとTモバイルの合併をいかに達成するかであった。

アメリカの通信業界では、このところ再編の動きが激しかった。AT＆Tモビリティは、2011年3月、ドイツテレコム傘下でアメリカ第4位のTモバイルUSAを390億ドルで買収すると発表した。しかし、アメリカ連邦通信委員会（the U. S. Federal Communications Commission ＝略称FCC）やアメリカ合衆国司法省（the U. S. Department of Justice ＝略称DOJ）さらには競合他社などの反対を受け、同年12月には断念すると発表した。それも束の間、TモバイルUSAは、2013年5月にアメリカ第5位のメトロPCSコミュニケーションズと合併し、TモバイルUSとなった。AT＆Tモビリティは、2013年7月にプリペイド携帯のリープ・ワイヤレス・インターナショナルの買収を発表。2013年9月には、ベライゾン・コミュニケーションズが、イギリスのボーダフォンが保有するベライゾン・ワイヤレスの株式45％を１３００億ドルで買い取ることで合意したと発表しており、本当にめまぐるしく動いている。

これに加えて、２０１３年7月、ソフトバンクは、スプリントの買収を完了した。そして、その直前、この買収の前提条件であったスプリントによるクリアワイヤの完全子会社化も完了していた。スプリントは、もともとクリアワイヤの筆頭株主（約48％の株式を保有）であったが、競合他社との攻防の末に１００％所有にもっていったのである。アメリカの主要都市で高速無線通信サービスを提供するクリアワイヤを獲得することにより、日本とアメリカの両国において、基地局や端末の調達等でシナジーが見込めるからであった[10]。

再編の動きはこれにとどまらなかった。２０１３年12月25日に、ソフトバンクは、アメリカ携帯通信業界第4位のＴモバイルの買収を発表したのである。当初、買収額は2兆円を超える見通しとされ、ソフトバンクの子会社スプリントをつうじて２０１４年春にもＴモバイル株の大半を取得する意向であった。ソフトバンクは株式交換による買収を検討していたが、Ｔモバイルの親会社ドイツテレコムは現金による売却を望んでいるとのことであった。

とすれば、2013年9月末時点で9兆円弱のソフトバンクの連結有利子負債は、Tモバイルの現金買収に必要な資金2兆円超を積み増して、約11兆円に膨らむことになる。もっとも、今回は、スプリントが直接的な当事者となって、いったん借入れで資金を調達した上で、日本やアメリカでの社債発行に切り替えていく方式のようである。金融市場において有望と判断された企業は、有望と判断され続ける限り、どこまでも「貸し継ぎ」が可能なのである。

この買収が実現すれば、ソフトバンク全体の携帯事業の年間売上高は7兆円に達し、中国移動（チャイナモバイル）に次ぐ世界第2位に浮上する。アメリカ国内では、スプリントとTモバイルの契約件数を合計すれば、ベライゾンやAT&Tに匹敵する第三勢力が誕生することになる。ただし、2012年度の実績でみる限り、たとえスプリントとTモバイルの年間売上高を合計しても、ベライゾンやAT&Tモビリティの年間売上高の半分程度にすぎないので、両社の合併がただちに実質的な3強体制に結びつくわけではなく、たとえ合併したとしてもなお、幾多の課題が残されている。

さて、ソフトバンクの新たな標的となったTモバイルの買収は、FCCや司法省などの抵抗があって、かなり難航している最中の2014年7月中旬、当初予定の2兆円超をはるかに超える4兆円規模の融資枠の提供を国内外の主要銀行8行から受けて、当事者間では大筋合意に達した直後の7月末日、フランスの新興通信会社イリアッドがTモバイルに約150億ドルの買収提案を行ったのである。ソフトバンクに遅れて、しかもTモバイルの時価総額が約250億ドルの時に、時価総額よりも100億ドル低い買収額の提示であった。

厳しい状況は、スプリント自体の経営にもある。アメリカの携帯大手4社の中で唯一、加入者減が続いているからである。もともとスプリントは、2005年に旧スプリントと旧ネクステルが合併してできた会社で、旧ネクステル側のインフラをスプリント側に一本化するリストラを実施したことで、旧ネクステル側の解約が続いている状況なのである。

今後、3・9世代の携帯電話規格とされるLTE（Long Term Evolution）の整備等が進めば、中・長期的には回復可能な範囲だとしても、その一方で、第4位のTモバイルが2013年に入ってから加入者を増やしてきているのである。第5位だったメトロPCSとの合併効果もあっただろうが、Tモバイルが口火を切った料金競争が功を奏したようである。

このような3位スプリントと4位Tモバイルを併合して、アメリカの携帯通信業界にこれまでの2強体制（あるいは2強2弱体制）に取って代わる新しい3強体制を確立するのが、ソフトバンクの当面の目標であったが、2014年8月初旬、Tモバイルの買収をいったん白紙に戻すことをソフトバンクは表明したのである。

アメリカ市場で7割を握る上位2社に対抗するには、統合による「強い3位」の形成が不可欠との認識でスプリントとTモバイルの双方が一致していた。しかし、アメリカ政府の規制当局の承認を得られるメドが立たず、破談リスクをめぐり当事者間で折り合えなかったからだといわれている(11)。

『2010年合併ガイドライン』における認可基準

今回の（2014年における）ソフトバンクによるTモバイル買収案（以後、今回の案件と略称する）の撤回は、一見するところ、2011年におけるAT&TによるTモバイル買収案（以後、前回の案件と略称する）の撤回を思い起こさせるものがある。

しかし、今回の案件が2強2弱体制から2弱を1強とすることによる3強体制の確立を目指したのに対し、前回の案件は、2強のうちの1社が2弱のうちの1社を併合することによって、2強体制のさらなる強化を図るどころか、むしろ1強体制（あるいは1強1中

1弱体制）を構築することになりかねないものであった。たしかに、前回の案件は、アメリカにおけるモバイル通信業界の市場からTモバイルという果敢な価格競争者を排除することになりかねない案件であったが、今回の案件のFCCやDOJによる阻止は、Tモバイルのもつ果敢な価格競争者としての体質を保持したままで、2強2弱体制を打破して3強体制を確立できる機会を失わせたか、少なくとも遅らせてしまったことは疑いない。

アメリカでは、周波数のライセンス供与を地域ごとに細分化して行ってきたために、もともとモバイル通信業界における企業数は多かったのであるが、20世紀末から21世紀はじめにかけて集中が進み、全米規模で携帯電話サービスを提供する企業に限定すると現在4社になっており、大部分の加入者はこの4社のサービスを利用している。

前回の案件が撤回される前の段階でも、2004年のシンギュラーによるAT&Tワイヤレスの買収、2005年のスプリントとネクステルの合併によって、すでに現在の4社体制はほぼ確立していたが、前回の案件が撤回された後の段階でも、少なくともベライゾンとスペクトラム、TモバイルとメトロPCS、スプリントとソフトバンクとクリアワイヤ、GCIとAWS（アラスカ）、AT&Tとアトランティック・テル・ネットワーク（ATN）傘下のオールテルの合併案件などが認可されている。

全米規模の携帯電話サービスで当時第5位にあったオールテルが2013年にAT&Tの傘下に入ったことで、現在の4社体制が実質的に確立したといってもいいであろう。

これらの認可された案件はどれも、「前回の案件」に比べれば、モバイル通信業界における競争環境を損なうような変化をもたらすとはみなされなかったからであろうが、AT&Tによる第4位のTモバイルの買収は認可されなくても、AT&Tによる第5位のオールテルの買収は認可されたのである。合併による生産効率の向上（コスト節減など）と合併による競争制限の可能性（価格上昇など）が天秤にかけられたにしても、すでに半世紀ほども前から、合併推進派と合併慎重派の双方から、もっと客観視できるようなガイドラインが求められてもきていた。

そのようなガイドラインの策定は、1968年、1982年、1984年と、DOJによって試みられてきたが、さらに連邦取引委員会（FTC）との共同で、1992年、1997年と改訂を積み重ね、2010年8月19日、『水平的合併ガイドライン』を発表するに至った。この『2010年合併ガイドライン』こそが、前回および今回の合併案件を阻止する論拠になったと考えるのが順当であろう。

産業の集中度合を量的に客観視できるガイドラインとして重宝されてきたのは、いうまでもなく市場占有率であった。シカゴ学派のエコノミストとして各方面に多大の影響を及ぼしたジョージ・J・スティグラーは、1955年に発表された論文（そして1968年に再録された著書）の中で、次のように述べている。

競争に重大な脅威を与える集中の水準は、まだ経済学者によって正確には決められていない。正しく定義された1産業で、最大規模の企業の産出量が産業全体の産出量の10％より小さいなら、その産業では競争が事実上行なわれているということは是認される――共謀はないものと考えている。集中度の低いときには、一般に共謀それ自体の成立する可能性が薄く、その効力も弱い。また、1企業が産業の総産出量の40ないし50％以上、あるいは、2ないし5社の産出量の合計が、産業の産出量の75％以上を占めているなら、その産業で競争が蔓延するのは稀である。このような極端のあいだでは、競争に重大な脅威を与える集中度の水準は、新しい企業が当該産業に参入する難易、当該産業の成長率、他の産業とその競争組織によって作られる代替製品の近接度、その他の諸要因によって変わる。[12]

このようなスティグラーの考え方は、当初の『１９６８年合併ガイドライン』に色濃く反映された後、改訂を重ねるにつれて今回の『２０１０年合併ガイドライン』策定に至るまでに主要な骨格としては残されてきたが、１９８２年の改訂時から市場集中（market concentration）の度合を測定するための指標として、新たに、ハーフィンダール・ハーシュマン指数（the Herfindahl-Hirschman Index：以下ＨＨＩと略称）が用いられるようになった。

一般に、きわめて少数の企業が特定市場のきわめて大きな割合を占有していれば、当該市場は高度に集中しているとされ、特定の企業が市場を大きく占有していなければ、当該市場は集中していないとされる。

ハーフィンダール指数というのは、特定市場における占有率の高い順でｎ番目までの企業の市場占有率の合計でもって集中度を測ろうとするものであったが、具体的にｎをどこに定めるかについては意見が分かれ、時系列分析やクロスセクター分析に堪えるｎの設定はほとんど不可能であった。

そこで、ハーシュマンは、特定市場を構成するすべての企業のそれぞれの市場占有率を２乗したものの合計でもって集中度を測ることを提案した(13)。そうすれば、すべての指数計算値が0から1までのどこかに収まり、もし特定市場に1企業しか存在しないのであれば、その市場は最高度に集中的であり、指数は1である。ただし、表記的には、百分比の数値をそのまま2乗した数値で表現することが慣例化したため、1社完全独占の場合、100×100＝10000となるように、0から10000までのどこかに収まることになる。

逆に、特定市場に同規模の企業が数多く存在すればするほど、指数は0に近づいていく。この計算には当該市場を構成する全企業が対象として組み込まれることが望ましいが、たとえ小さな市場占有率しかもたない企業の情報を欠くような場合でも、HHIの値に深刻な影響を与えることはほとんどない。かくして、特定市場を構成するほぼ全企業の状況に近づくことのできる集中度指数としてのHHIが確立したのである。

さて、『ガイドライン』が合併の認可基準をHHIに求めながらも、『ガイドライン』の改訂にともない、その認可基準を徐々に緩和する方向に舵を切ってきたのも事実である。たとえば、1992年と2010年の『ガイドライン』の市場集中に関する骨子を対比してみよう。

まず、HHI数値の計算と表記の方法について、両年度の『ガイドライン』で示された

図表４－２　HHI による市場類型

市場類型	1992 年合併ガイドライン	2010 年合併ガイドライン
集中していない市場	＜ 1,000	＜ 1,500
やや集中している市場	1,000 ～ 1,800	1,500 ～ 2,500
高度に集中している市場	＞ 1,800	＞ 2,500

図表４－３　競争制限をもたらす HHI 上昇幅

市場類型	1992 年合併ガイドライン	2010 年合併ガイドライン
やや集中している市場	＞ 100	＞ 100
高度に集中している市場	＞ 50	100 ～ 200

図表４－４　市場力強化をもたらす HHI 上昇幅

市場類型	1992 年合併ガイドライン	2010 年合併ガイドライン
高度に集中している市場	＞ 100	＞ 200

例を用いれば、市場占有率がそれぞれ30％、30％、20％、20％の4社によって構成される市場では、HHIは2600（＝$30^2+30^2+20^2+20^2$）ということになり、両年度の『ガイドライン』において、高度に集中している市場ということになる。

　そして、合併によるHHIの上昇幅が100を超えるようであれば、深刻な競争制限行為に結びつく可能性が高まるため、合併案件の精査が求められる。さらに、HHIの上昇幅が200を超えるようであれば、

その合併によって市場力の強化がもたらされないということを説得しうる証拠を示す必要があるとされている。(14)

2つの合併案件の集中度比較

アメリカ全土に及ぶ広域レベルで携帯電話サービスを提供する企業は、トラクフォーンのようなMVNOを除けば、すでにベライゾン・ワイヤレス、AT&Tモビリティ、スプリント、Tモバイルの4社に絞られている。

そうした寡占体制の中、今回（2014年）のソフトバンクによるスプリントとTモバイルの合併案件と前回（2011年）のAT&TによるAT&TモビリティとTモバイルの合併案件は、どちらも認可されなかった。2つの合併案件の届出から撤回に至る時期は3年ほどの開きがあるが、その間、政府の規制基準に変化はなく、業界の状況も大きく変化したわけではないので、今回の案件が撤回された時点において、それぞれの案件がもしも認可されていたらアメリカ携帯電話業界の集中度にどのような変化が起こっていたのかを比較したいと思う。いうまでもないが、どちらの案件も買収対象企業がTモバイルであったため、両案件の両立はありえない。

伝統的には、企業数そのものから集中度を判定するとか、上位４社の運用総資産の大きさで集中度を判定するようなこともあったが、現在では、ＨＨＩの普及によって、売上高などによる市場占有率を特定産業の集中度を判定するための資料として使用することが一般化した。ここでは、加入契約者数と売上高とによって、２つの合併案件にもとづく集中度の変化を比較してみよう。

A．加入者数からみた市場占有率と集中度

図表４－５　アメリカにおける携帯電話加入者数（FierceWireless調べ，2014年8月8日）**と集中度**

企業名	加入者数（百万人）	占有率（%）	集中度
ベライゾン・ワイヤレス	123.5	36	1,296
AT&Tモビリティ	116.6	34	1,156
スプリント	54.2	16	256
Tモバイル	50.5	14	196
計	344.8	100	HHI　2,904

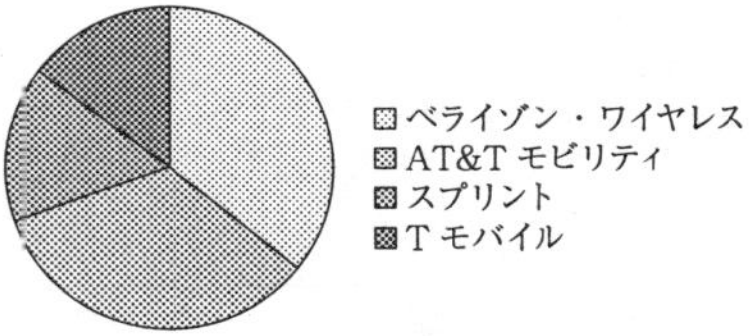

図表４－６　ソフトバンクによる合併案が実施された場合

企業名	占有率（%）	集中度
ベライゾン・ワイヤレス	36	1,296
AT&Tモビリティ	34	1,156
スプリント＋Tモバイル	30	900
計	100	HHI　3,352

HHI上昇幅＝3,352－2,904＝448

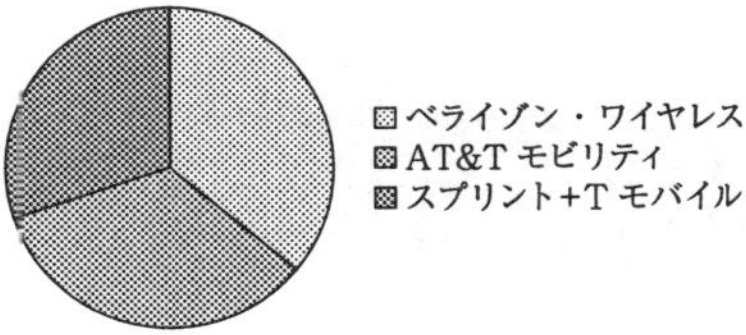

図表4－7　AT&Tによる合併案が実施された場合

企業名	占有率（%）		集中度
ベライゾン・ワイヤレス	36		1,296
AT&T モビリティ＋T モバイル	48		2,304
スプリント	16		256
計	100	HHI	3,856

HHI 上昇幅＝3,856 － 2,904 ＝ 952

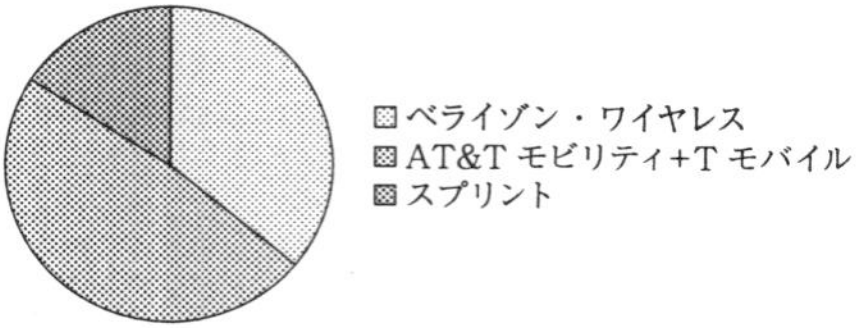

B．売上高による市場占有率と集中度

図表4－8　2013年度売上高（各社の『アニュアル・レポート』による）**と集中度**

企業名	売上高（億ドル）	占有率（%）		集中度
ベライゾン・ワイヤレス	810	35		1,225
AT&T モビリティ	896	39		1,521
スプリント	355	15		225
T モバイル	244	11		121
計	2,305	100	HHI	3,092

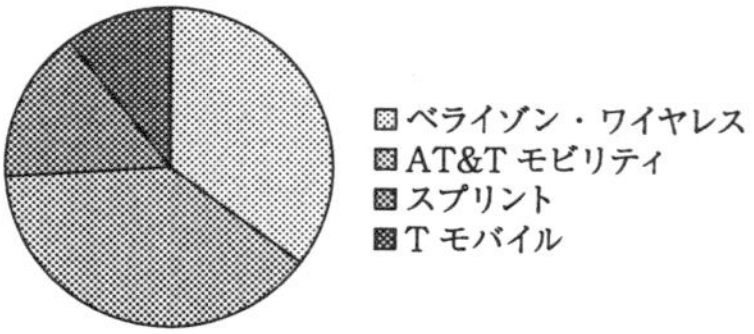

図表4－9　ソフトバンクによる合併案が実施された場合

企業名	占有率（%）		集中度
ベライゾン・ワイヤレス	35		1,225
AT&T モビリティ	39		1,521
スプリント＋ T モバイル	26		676
計	100	HHI	3,422

HHI の上昇幅＝ 3,422 － 3,092 ＝ 330

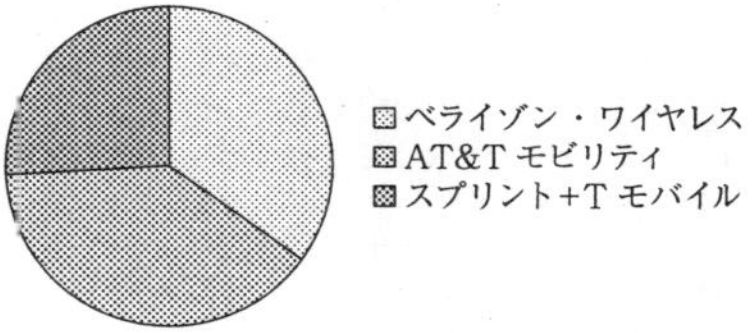

図表4－10　AT&T による合併案が実施された場合

企業名	占有率（%）		集中度
ベライゾン・ワイヤレス	35		1,225
AT&T モビリティ＋ T モバイル	50		2,500
スプリント	15		225
計	100	HHI	3,950

HHI の上昇幅＝ 3,950 － 3,092 ＝ 858

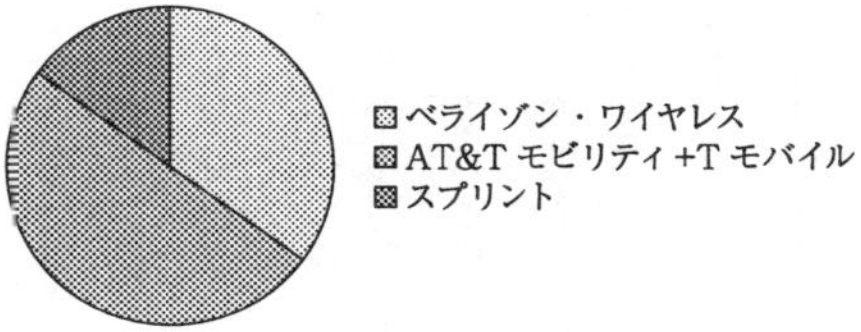

アメリカの携帯電話業界が『ガイドライン』基準で「高度に集中している市場」であり、どちらの合併案件であっても合併後のＨＨＩの上昇幅がすべて２００を超えているが、ＡＴ＆Ｔによる前回の合併案件のほうがソフトバンクによる今回の合併案件よりも合併後のＨＨＩの上昇幅が２倍以上の大きさになっている。集中度に及ぼす変化の大きさから判断すれば、ソフトバンクの案件のほうがＡＴ＆Ｔの案件よりも認可を受けやすい位置にあったことは明らかである。

Ｔモバイルといえば、果敢な価格競争者として行動してきた経緯から、ＤＯＪやＦＣＣは、企業数の減少、しかも果敢な価格競争者を失うことを危惧したものと思われる。しかし、第３位のスプリントと第４位のＴモバイルの合併であれば、果敢な価格競争者として低価格路線を踏襲しなければ、真の３強体制を確立できないことはソフトバンクをはじめとする経営当事者たちが一番良く理解していたのではないだろうか。

もちろん、ＡＴ＆Ｔにしても、ソフトバンクにしても、Ｔモバイルの市場と技術が欲しかったことも当然であろう。Ｔモバイルの先進的なワイヤレス技術、とくに第４世代（４Ｇ）のワイヤレス通信サービスの要になると目されたＴモバイルのスペクトラム拡散技術などを獲得して、適用範囲を広げることは経済的でもある。

寡占経済体制の中にあっては、もはや構成企業数の多寡を問題とするよりも、寡占企業間の競争関係が実質的に高まるか否かを問題にしなければならないということである。つまり、4社体制を3社体制に減らしても、2強2弱をいわば三者鼎立にもっていくことによって業界全体をさらに活性化しうるか否かが問われねばならないのである。

いずれにしても、ソフトバンクとしては、このことを含めて、さらにその先に、もっと大きな目標があるに違いない。

註

(1) ソフトバンク社長・孫正義氏へのインタビュー「日本を磨く―サムライ魂・起業家にあり」(聞き手・牧野洋)『日本経済新聞』2006年5月31日。

(2) Adrian Wood, *A Theory of Profits*, Cambridge University Press, 1975, p.29. 瀬地山敏・野田隆夫・山下清訳『利潤の理論―ミクロとマクロの統合―』ミネルヴァ書房、1979年、36頁。

(3) Thorstein Veblen, *The Theory of Business Enterprise*, Augustus M. Kelley, (1st ed., 1904), 1965, p.131. 小原敬士訳『企業の理論』勁草書房、1965年、104頁。

(4) 自己資本さえ他人資本化(あるいは、もともとの他人資本を名義上自己資本化)しているという認識とは別に、会計上においても、自己資本の範囲は変化している。企業会計基準委員会は、２００５年８月、「資本の部」の代わりに「純資産の部」を新設する方針を固め、同年12月９日、純資産の部の表示に関する会計基準並びにその適用基準を制定した。要点のみを概観すれば、従来の「株主資本＝自己資本＝純資産」とする社会通念に対して、これからは、資本金、資本剰余金、利益剰余金、自己株式までを株主資本、これに保有資産の時価会計にもとづく評価差額調整を加えて自己資本、さらに新株予約権、連結会計における非支配（少数）株主持分を加えて純資産とすることになった。

（５）以上２つのパラグラフは、次の記事がヒントになって、筆者があらためて独自に計算したものである。根本舞「真相深層・巨額買収の裏の財務戦略とは・ソフトバンク、大胆で周到」『日本経済新聞』２０１３年12月28日。

（６）『日本経済新聞』２０１４年６月３日。

（７）John Maynard Keynes, *The General Theory of Employment, Interest, and Money*, A Harvest/HBJ Book, (1st ed., 1936) 1964, pp.162-163. 塩野谷九十九訳『雇用・利子及び貨幣の一般理論』東洋経済新報社、１９４１年、１８１−１８２頁。

（８）ノーベル物理学賞受賞者の益川敏英氏が、講演会等で、金融工学等で使用される計算式があまりにも物理学の計算式と似ていることに気づき、人間の思惑で大きく動く経済価値を物理現象のようにとらえることに疑問を呈されたことがあったが、同感である。だからこそ、経済価値計算の結果を一点に集約せずに一定幅の範域で表現せざるをえないことも理解できるのではあるが。

（9）その後、イー・アクセスとＰＨＳのウィルコムが２０１４年６月に合併して、同年７月から会社名を「ワイモバイル」（Ｙ！ｍｏｂｉｌｅ）に変更し、同年８月以降、ブランド名も「ワイモバイル」に一本化している。

（10）以上２つのパラグラフについては、榊原康・日経コミュニケーション『キレるソフトバンク』日経ＢＰ社、２０１３年、76、86－87頁を参照。

（11）『日本経済新聞』２０１４年８月７日。小泉裕之「米で交渉白紙、３シナリオ予想」『日経産業新聞』２０１４年９月１日。Ｔモバイルの低額料金の設定による販売促進を資金的に支えたのが、ＡＴ＆Ｔが支払った買収撤回の「違約金」40億ドルであったことを考慮すれば、ソフトバンクによる買収契約成立「直前」の撤回もやむをえなかったといえるだろう。

（12）George J. Stigler, *The Organization of Industry*, The University of Chicago Press, 1968, p.301. 神谷伝造・余語将尊訳『産業組織論』東洋経済新報社、１９７５年、３７７－３７８頁。

（13）Albert O. Hirschman, "The Paternity of An Index," *American Economic Review*, Vol.54, No.5, September 1964, pp.761-762.

(14) DOJ and FTC, *Horizontal Merger Guidelines,* Issued : April 2, 1992, pp.15-17; Issued: August 19, 2010, pp.18-19.

第5章　現金買収と株式買収

ワッツアップを丸呑みしたフェイスブック

買収のほとんどが現金買収であったのが、最近では、もし可能であれば株式交換方式の買収も試みられるようになってきていたが、２０１４年２月19日のフェイスブックによるワッツアップの買収合意は、この比較的新しい傾向を象徴するような出来事であった。

その買収金額１９０億ドルは、40億ドルの現金に１５０億ドルの株式を組み合わせて供与されることになったのである。現金で21％、株式で79％の内訳である。１５０億ドルの株式の供与については、さらに２通りの内訳をもち、１２０億ドル分は即時に、30億ドル分は買収完了後から４年間にわたってワッツアップの創業者と社員に割り当てるという。

ワッツアップはスマートフォン向けの交流アプリなので、フェイスブックが自社の事業をさらにモバイル対応型にするための買収かと思いきや、少なくとも当面のところ、ワッツツアップはこれまでの方針をいっさい変えない独立事業として運営されるということなので、両方のユーザーに関するデータが共有されない可能性もある。フェイスブックのCEO、マーク・ザッカーバーグも、みずからは採用していないにもかかわらず、ワッツアップ固有の有料課金方式を高く評価している。その他にも、通信記録を残さずプライバシーの保護を優先するワッツアップと、特定の個人情報の開示を利用条件にしたフェイスブックとではかなり異質な面があるが、それゆえにこそかえって、両方を使い分けする利用者も増えていくのかもしれない。

交流サイト（SNS）最大手のフェイスブックは、すでにその利用者は10億人をはるかに超えているとはいえ、パソコン時代に創出されたものであり、モバイル時代になって創出された新たなライバルたちの勢いを前にして、みずから「モバイルの壁」をよじ登るのではなく、モバイル時代の成長株と見込んだワッツアップを丸ごと飲み込むことにしたのである。

たしかに、ワッツアップは、口コミだけで急成長してきた対話アプリの超有望株である。その急成長ぶりは、他の対話アプリの追随を許さない勢いであった。モバイルの時代であればこそ、口コミの影響力が大きく作用することの証でもある。

他方で、フェイスブックは、近年、外部の有望株を漁るのに余念がなかった。２０１２年には写真共有サービスのインスタグラムを10億ドルで買収したし、２０１３年には別の対話アプリのスナップチャットに30億ドルでの買い取りを申し出たが、断られている。ザッカーバーグが超有望株と見込んだワッツアップだけは、今度こそなにがなんでも丸呑みしたかったようである。

しかし、合併シナジーがないとすれば、ワッツアップを傘下に入れることによって、みずからの保身を図っていると思われても仕方がない。ワッツアップを買収しないままでワッツアップの勢いに押されてずるずると後退していくのを恐れたとしか思えないのである。そういう事態を回避するには、まだ買収できる力のあるうちに買収しておくほかはないということであろう。

この買収で注目されたのは、なによりもまず sky-high price と表現される買収金額の破格の大きさであった。[1] 楽天がバイバーを９億ドルで買収することを発表した直後だったこともあって、２件の買収金額の落差は強烈な印象を与えた。買収合意時のワッツアップは、２００９年に創業したばかりの、人間でいえば、まだ小学校入学前の幼稚園児なのである。従業員数は55名で、そのうちの32名がエンジニアである。

従業員1人あたりの買収金額は、3億4500万ドルになった。従業員1人あたりの買収金額がこれほど巨額になったことはこれまでになかったことであり、おそらくこれからもめったにあるものではないだろう。しかし、この金額をすべての従業員が受け取れるわけではない。実際には、彼らは、4年がかりで1人あたり平均5455万ドル相当分のフェイスブックの株式を受け取るのである。

買収金額の初期支払い分の160億ドル（=株式120億ドル+現金40億ドル）の大半は、創業者であり経営者であるヤン・クームとブライアン・アクトン、そしてベンチャーキャピタルのセコイア・キャピタルの3者で原則として持分比例配分されるはずである[2]。

広告掲載がないので、収入は2年目から徴収する1ユーザーあたり年間99セントの利用料だけである。利用者は4億5千万人に達し、さらに増える勢いなので、来年は少なくとも年間4億5千万ドルの利用料金が入ってくるだろうが、買収合意の1年前の利用者数は2億人だったというから、買収合意時の年商は2億ドルということになる。さらにその1年前の2013年の年商はわずか2千万ドルだったという。

フェイスブックは、買収時に年商2億ドルになるはずの企業をその年商のなんと95倍の金額で買い取ったのである。利用者数は今後さらに伸びるにしても、広告料なしで、かつ利用料金据え置きのままで早急に元を取るのは大変である。

ただし、ワッツアップの運営には、これまでどおり、ソフトウェアをリフレッシュしていくためのエンジニアリング能力を保持し向上させていくことが何よりも求められるが、他方でまた、これまでどおり、マーケティング・コストはかからず、ワシントンのロビー活動はいらず、巨大な建築物はいらず、販売店もいらないのである。ザッカーバーグとしては、ただひたすらワッツアップの利用者数が引き続き急増していくのを祈るばかりであろう。

そして、ワッツアップの利用者数がオリジナルのフェイスブック利用者数に並び、さらには超えていく時、フェイスブックを成長させていく車の両輪がそろったことになる。ワッツアップのCEO、ヤン・クームは、フェイスブックの取締役会のメンバーになることがすでに決まっている。両輪体制の準備は整ったということである。

株式買収の妙味

１９０億ドルという超破格の、そして前代未聞の買収金額をフェイスブックが払えるのは、ひとえに買収金額の約８割を株式によって賄うことにしたからである。

買収対価を株式によって支払うことは、フェイスブックにとって大きなメリットがあった。第1に、巨額の買収の割には、買収対価の8割を新株発行によってまかなえば、フェイスブック自身は、その該当分の対価支払いをする必要がないということである。ワッツアップ側がこの8割相当分の現金化を望むのであれば、株式市場で売りに出すのが常道なので、結局、この巨額買収額の8割は株式市場が負担することになるわけである。そして、ワッツアップ側がすべての供与株式を現金化すれば、ワッツアップのフェイスブックに対する株主としての影響力は消滅することになる。

第2に、フェイスブックの株価が高いときに買収合意できたことは、フェイスブックにとってきわめて好都合であった。もちろん、ワッツアップ側にしても、供与を受ける株式の価値が高いに越したことはないのであるが、供与された株式をただちに株式市場で売り抜かず、長期にわたって保有し、経営にもコミットしていくのであれば、供与を受ける株数のほうが株価以上に重要なはずである。それにもかかわらず、合併・買収を取り決めるときには、たとえ株式買収の場合でも現金と同様に金額で表現されるので、つい金額の背後にある株数がかすんでしまうことがある。その一方で、フェイスブック側としては、当面の株価が高ければ高いほど供与する株数を抑制できるし、既存株主の権益の希釈化を多少なりとも押しとどめることができるのである。

フェイスブックの株価といえば、２０１２年５月18日のナスダックでの株式公開から10日あまりで、売り出し価格の38ドルから28ドル台まで暴落したことがあったし、２０１４年の1月下旬までは50ドル台を推移していた。ところが、その1月下旬から2月中旬にかけて急激に高騰して、買収合意時には70ドル近辺にまで寄り付くようになっていたのである。

ＳＥＣ（アメリカ証券取引委員会）への届け出によれば、40億ドルの現金に加えて、１億８３８６万５７７８株のクラスＡ普通株式をワッツアップの株主へ、買収完了後には、４５９６万６４４４株の制限付き株式ユニットをワッツアップの従業員へフェイスブックが支払うという合意内容になっている。これを金額で表現するために、２０１４年２月18日に先立つ６営業日の平均終値である１株65・２６５０ドルの株価が価値計算に適用され、ワッツアップの株主に現金40億ドルと株式１２０億ドルを、そしてワッツアップの従業員には株式30億ドルが供与されるという表現になったわけである。ワッツアップの株主と従業員は、この株数を取得することによって、フェイスブックの７・９％の株式を所有することになったのである。

このSEC報告から逆算すれば、フェイスブックは、ワッツアップ買収直前の総発行済株数は、26億7943万6411株だったことになる。その中には、ナスダックに上場されているクラスA普通株式の他に上場されていないクラスB普通株式や制限付き株式ユニットも含まれている(3)。

もし株価が50ドルだったのであれば、フェイスブックとしては、2億4千万株の株式と6千万株の制限付き株式ユニットを供与して総計190億ドルの買収金額を提示したであろうか。もし株価が50ドルだったとしても、株数のほうはSEC届け出のままにして、92億ドルの株式と23億ドルの制限付き株式を供与して総計155億ドル(=株式115億ドル+現金40億ドル)の買収金額にしたことであろう。

なぜなら、フェイスブックがナスダックのグローバル・セレクト・マーケットに上場された時のクラスA普通株式の発行株数が、まさしく1億8千万株だったので、今回のワッツアップ株主への供与株数にほぼ符合することは、たとえ偶然であったとしても、いくばくかの意図的な因縁が作用したように感じられるのである。

第3に、できたかできないかは別にして、もしフェイスブックが全額を現金で買収していたとしたら、ワッツアップの将来のリスクをフェイスブックが全面的にかぶることになるが、株式買収の比重が高まるほど、そうしたリスクをフェイスブックはワッツアップとシェアすることになる。しかも、株式による買収の比重は８割と高いのであるが、ワッツアップ側の株式所有比率は８％弱と低めに抑えているので、フェイスブックの従来の権限構造が大きく変化することはないと思われる。

買収企業の株価が下がらなかった

ラパポートとシロワーは、その共同論文において、次のように述べている。

> すべての買収のおよそ３分の２において、買収企業の株価は、その取り決めが発表された直後に下落する。(4)

われわれの一般的な経験知と合致する見解である。買収発表の直後、多くの場合、買収企業の株価は下落し、売却企業の株価は上昇するのをわれわれは見てきた。もともと株価の高い企業が株価の安い企業を買収すれば、前者の株主には一抹の不安を与え、後者の株主には一片の期待を抱かせやすいこともあろう。

しかし、フェイスブックによるワッツアップの買収発表直後に、フェイスブックの株価は下落しなかった。むしろ、上がったくらいである。このワッツアップ買収のケースは、買収企業の3分の1だけが経験する結果のほうを招いたのである。ワッツアップのほうは非上場なので、フェイスブックの株価の検証しかできないが、買収発表前後のフェイスブックの株価（終値）の推移は次のとおりであった。

1週間前	64ドル85セント
6日前	64ドル45セント
5日前	67ドル33セント
4日前	67ドル09セント
買収発表当日	67ドル30セント
翌　日	68ドル06セント
翌々日	69ドル63セント
3日後	68ドル59セント
6日後	70ドル78セント

1週間後　68ドル85セント

その後も買収発表から4週間、フェイスブックの株価は70ドル前後で推移している。ちなみに、フェイスブックは、上場以来まだ現金配当を実施したことがないのであるが、それにもかかわらず、株式市場はワッツアップの成長力を評価し、フェイスブックの買収判断を好感したのである。

買収発表時にフェイスブックによって提示された資料によれば、アメリカを代表するそれぞれのSNSが登場して4年目時点における利用者数は次のとおりであった。

スカイプ	5200万人
ツイッター	5400万人
Gメール	1億2300万人
フェイスブック	1億4500万人
ワッツアップ	4億1900万人

ワッツアップの利用者数は凄まじいほどの勢いで伸びているので、あと数年で到来するとされる「スマホ40億人時代[5]」の通話アプリの主役の座につくのはワッツアップに間違いないとフェイスブックの株主たちは期待しているのである。

モバイル端末が利用できる通信容量と通信速度が向上していく中、データ通信をしたくなる需要を生むのはスマホアプリ（応用ソフト）であって、有望なゲームアプリや通話アプリは、これからも続々と生み出されてくるであろう。その中から既存のアプリを超えるアプリが現れてくれれば、既存のアプリで稼いだ現金や株価で、そうした新アプリを生み出した後発企業を取り込もうとする先発企業の攻防も続いて生起するにちがいない。もちろん、新アプリの争奪戦には、アプリ開発企業だけではなく、直接的・間接的に通信会社も参戦することになるであろう。

現金と株式のトレードオフ

フェイスブックの買収対象となったワッツアップは、非上場企業であった[6]。上場企業による非上場企業の買収であれば、買収企業と被買収企業とのあいだの企業価値の測定・移転をめぐる計算において、株価を基準とする時価総額という基礎データを上場企業である買収企業からえるほかはない。いきおい買手企業中心の企業価値評価にならざるをえなかった。

もともと買収という表現自体が一方的なのである。買収企業と被買収企業という表現も、買収する側の企業だけが能動的で、買収される側の企業はもっぱら受動的だとの先入観からきているようである。確かに、そのような場合は少なくないであろうが、たとえ被買収企業が結果的に買収企業の中に吸収されるとしても、少なくとも買収交渉の時点では、売り手と買い手は対等だったはずなのである。買収企業が勝ち組で、被買収企業が負け組という一律的な固定観念からもうそろそろ脱却してもいい時期にきているのではないだろうか。

もともと我が国では、商品市場で「売り手の腰が低い」伝統があるためか、この伝統は買い手からみて決して心地の悪いものではないが、売買当事者間の対等性がもう少し前提になっているはずの資産市場や資本市場でも、欧米に比べると、「買い手の頭《ず》が高い」ことをしばしば実感する。(7) 企業や事業の売買市場においては、買収企業と売却企業とは経済取引の当事者としてもっと対等の立ち位置にあってもいいはずである。

そこで、上場企業同士の対等の経済取引当事者間の駆け引きを通して、買収決済方法が決定されていくプロセスについて分析を行ったラパポートとシロワーの論説の骨子をここで紹介しておきたいと思う[8]。売手企業と買手企業のどちらも上場企業であれば、株式市場を介して両企業の価値評価を対等に行うことができるはずである。

まず、簡単な仮設例から入ることにしよう。買手企業と売手企業は、同じ業界の競合企業同士だとする。発行済株式数５千万株の買手企業の株価が１００ドルだとすれば、この買手企業の資本市場価値額（時価総額）は50億ドルである。一方、発行済株式数４千万株の売手企業の株価が70ドルだとすれば、この売手企業の資本市場価値額（時価総額）は28億ドルである。

両社の合併後の企業価値には、両社の単純価値合計額の78億ドルを超えて、新たに合併シナジー価値が加算されるはずである。ここで合併シナジー価値を17億ドルだとすれば、合併総価値は95億ドルとなる。以上によって、買手企業による売手企業の買入額、すなわち売手企業の売却額が45億ドルになるかというと、ことはそれほど単純にはいかないのである。合併シナジー価値は本来、合併後の統合成果として現れるものであって、売手企業のほうだけに潜在的に内含されているものではないし、さらには買手企業の株主と売手企業の株主とのあいだでの利害と思惑が絡むからである。

もし売手企業を1株100ドルで買うとすれば、買収金額40億ドルから売手企業の時価総額28億ドルを差し引いた12億ドルが合併プレミアムである。そして、合併シナジー価値17億ドルから合併プレミアム12億ドルを差し引いた5億ドルが株主付加価値となる。合併プレミアム12億ドルは売手企業の株主が合併時に享受し、株主付加価値5億ドルは合併後に株主によって享受されるはずのものである。これが現金買収の基本的な構図である。

では、株式買収の場合はどうであろうか。株式の交換比率を1対1とすれば、買手企業は旧株5千万株に加えて新株4千万株を発行して、合併後の買手企業の発行済株式数は9千万株となる。売手企業に供与される新株4千万株は時価40億ドルとなり、現金買収の場合と同額となる。

しかし、買収が成立すれば、買手企業の既存株主持分は、44・5%薄められて、買収後の全株式9千万株の55・5%を保有するにすぎないことになる。したがって、買手企業の既存株主の期待する株主付加価値も、5億ドルの55・5%、2億7750万ドルとなり、株主付加価値の差額分2億2250万ドルは、これから買手企業の新規株主になろうとする売手企業の旧株主の取り分となる。

株式買収において、買手企業の既存株主の株主付加価値取り分をもっと確保するには、売手企業の株主にもっと少ない新株を供与する他はない。売手企業の1株につき新株を0・7株供与し、残りの0・3株分を現金で供与するとしよう。売手企業の株主が受け取る新株は2800万株となり、現金では12億ドルを受け取ることになる。この条件で買収が成立すれば、買収企業の既存株主持分は、買収後の全株式7800万株の64・1％を保有することになる。

要するに、株式買収の場合、売手企業の旧株主は、新併合企業の利得をシェアできるだけでなく、新併合企業の潜在的なリスクもまたシェアせざるをえないことになるのである。

コングロマリットITTの受難

ラパポートとシロワーは、株式決済の怖さを物語るために、巨大コングロマリットITTをめぐる買収事例を取り上げている。ITTの転機は、1997年の1月、ヒルトン・ホテルがITTに対して1株につき55ドルの買値を提示した時に始まった。55ドルという買値は、この提示がなされる直前のITTの株価に28％のプレミアムを付けたものであった。そして、買値55ドルの決済内訳は、27ドル50セントの現金決済と残りの27ドル50セント相当分のヒルトンの株式決済であった。

この提案ではＩＴＴの合意を得ることができず、ヒルトンは同年8月、70ドルに買値を上げたが、時をおかずに、数多くの高級ホテルを傘下にもつスターウッド・ロッジングが新たな買い手として名乗りをあげて、１株82ドルで参戦した。スターウッドの場合は、現金で15ドル、自社株で67ドルの内訳であった。

これを受けてヒルトンは、ＩＴＴの発行済株式の55％を１株につき80ドルの現金で、残りの45％についてはＩＴＴの１株に対してヒルトンの２株と交換するという提案に修正した。ヒルトンの提案は、スターウッドの提案よりも金額では少しばかり低かったが、現金の比重が高いので、ヒルトンの経営陣はこれで勝てる自信があった。

ところが、スターウッドは、買値を１株85ドルに引き上げたのである。今回のスターウッドの提案は一見単純ながら少し手が込んでいて、ＩＴＴの株主は、全部株式か、全部現金かのどちらかを選択できるとした。ただし、現金オプションを選ぶ株主が60％を超えた場合には、彼らには１株あたり25ドル50セントの現金と残額をスターウッドの株式で支払うというものだったのである。

ＩＴＴの取締役会は、比較的リスクの少ないヒルトンの提案よりもスターウッドの提案のほうを推奨することを決議し、株主たちもこれに賛同した。ところが、ＩＴＴ株主の75％ほどがスターウッドの現金オプションを選んだため、結局、彼らには１株85ドルの現金ではなく、１株25ドル50セントの現金と残額を株式で供与する契約が適用されてしまったのである。

皮肉にも、株主たちは実のところ現金への強い選好をもっていたにもかかわらず、それゆえにかえってＩＴＴの取締役会は結果的に株式構成が大きくなる申し出のほうを選択する羽目に陥ったのである。

スターウッド案を受け入れた結果、ＩＴＴの株主は、新併合企業の67％もの株式を保有することになった。今回の買収提案がなされる前の段階で、ＩＴＴの時価総額がスターウッドの時価総額のほぼ２倍ほどであったこともこの新しい株式所有構成の一因であった。

スターウッドの株価は、買収交渉の行われている期間、55ドルあたりで安定していたが、買収成立後に急落し、１年後には32ドルとなった。ＩＴＴの株主は、名目上ヒルトンより高いが、よりリスキーでもあるスターウッドの申し出に飛びついて、高い代価を払うことになったのである。

株式数量を先決めするか株式価値を先決めするか

買収合意後さらには買収完了後の株価変動の可能性を考慮すれば、上場企業間の株式交換方式の買収といっても、買収取り決めの要として特定の株価を、つまり買収合意時点の売手企業の株価にプレミアムをつけた金額を先決めして固定化する場合だけではなく、買収取り決めの要として特定の株数を、つまり買収合意時点で買手企業の交換株数を先決めして固定化する場合もある。

ラパポートとシロワーは、株式の交換比率を固定化する場合を例証するために、グリーン・ツリー・フィナンシャルが1998年に保険会社コンセコによる72億ドルでの買い取り提案を受け入れた事例を取り上げている。取引条件は、グリーン・ツリーの普通株式を1株あたりコンセコの普通株式0・9165株に転換することであった。この買収案件が発表される前日の4月6日、コンセコの株は57ドル75セントだったので、グリーン・ツリーの株主は、1株あたりコンセコ株の53ドル相当分を供与されるということであった。買収発表前日のグリーン・ツリーの株価は29ドルだったので、なんと83%ものプレミアムがついたことになる。

コンセコの狙いは、グリーン・ツリーを買収することによって中間所得層の顧客を取り込み、グリーン・ツリーの消費者金融ビジネスとともに、保険・年金関係のビジネスを拡大することにあった。

しかし、この買収にはリスクもあった。第1に、グリーン・ツリーの買収は、これまでコンセコが完遂した買収の中で最大規模の買収よりも8倍以上の規模の買収であったし、過去20件の買収の平均規模のおよそ20倍の規模の買収であった。第2に、グリーン・ツリーの主要業務は、モービル・ホーム[9]の購入者に資金を融通することにおかれていて、コンセコの主要業務とはかなり異なっていたために、買収後の統合には相当の苦労があるにちがいないと覚悟せざるをえなかった。

この買収に対する市場の反応は懐疑的なものであった。これまでの生命保険分野を軸にしたコンセコの買収が成功してきた分、異質分野への多角化を不安視されたのか、1998年6月末この買収が完了した時には、コンセコの株価は57ドル75セントから48ドルまで下落していた。グリーン・ツリーの株主は、期待された53ドルではなく、44ドルを供与されたことになる。プレミアムは、83％から52％に下がったわけである。

買収発表から1年後の1999年4月、コンセコの株価は30ドルまで下落したので、ついにプレミアムはほとんど完全に消滅したことになるし、株式交換比率からすれば、グリーン・ツリーの株主は、この買収によって1株あたり1ドル50セントの株式価値の減損を被ったことになる。

他方、株式価値を先決めする方式では、買収完了まで株数は固定化されず、株価の動きに応じて調整される。そのため、新統合企業の所有構成は買収完了までどうなるかわからない。この方式を検証するために、前々項の仮設例に戻ることにしよう。

買手企業は株式で支払うことになっていたが、決済当日の買収企業の株価は、買収合意時の100ドルから76ドルまで下落したとしよう。40億ドルという売手企業の株主価値を保持するために、買手企業は売手企業に5260万株を発行する必要がある。買手企業の既存株主は、交換株数固定方式であれば新統合企業の55・5%の所有比率だったところを48・7%まで縮めることになったのである。

このように、株式価値を固定化した取り決めでは、買収発表から決済完了までの期間の株価変動のリスクをすべて買収企業が負担する。株価が下落するようなことがあれば、買収企業は売却企業に契約した株式価値を支払うために、株式を追加発行せざるをえなくなるのである。その結果、買収企業の既存株主は、新統合企業の所有比率を落とし、それに応じて株主付加価値の取り分も減らすことになる。

逆に、売却企業の株主のほうは、株式価値固定方式によって、決済が完了するまで価値減損に見舞われることはない。株価の下落分は、売却企業の株主への追加株式の供与によって補填されるからである。また、買収完了後、市場がこの買収を再評価し、買収企業の株価が上昇すれば、売却企業の株主は、新統合企業の持分比率が上がっているので、より高い利回りを享受することができるが、株価が下がれば、より大きな損失を被ることになる。

買収企業への質問

一般に、買収価額は、売手企業の価値評価額と思われてきている。たしかに、現金買収の場合、そうした側面は強くなるだろう。しかし、買収価額は、実際には、売手企業の価値評価だけでは決まらないのである。それは、表向きには売手企業の価値評価から入るのであるが、とどのつまりは、買手企業の価値評価とのすりあわせを経て決まるのである。とくに株式買収の場合、資産査定（due diligence）は、買い手が売り手にたいして行う一方通行の評価ではなく、売り手も買い手にたいして行う双方通行の評価になってくる。

しかも、それぞれの評価者は、相手にたいする評価をするだけではなく、自己にたいする評価をすることが重要なのである。

換言すれば、買収価額は、併合後の新統合企業の価値評価がどうなるかをにらんで決まるのである。この併合後の新統合企業の価値評価は、買収発表以降の買収企業の株価の推移によって最も端的に表現されることになる。買収後の買収企業の将来収益力の価値評価額は、常時、買収企業の株価に先行的に反映されるからである。株価は、市場によって評価された当該企業の将来収益力の資本還元価値額にほかならない。

そこで、買収企業の株価とその動きについて、買収企業側の当事者がそれをどのように受け止め、どのように将来を展望しているかが決定的に重要になってくるのである。買収企業の経営者ならびに取締役は、支払い方法を決定するのに際して、3つほど自問されるといいかもしれない[10]。

第1に、買収企業の株式は、過小評価されているか、適正評価されているか、過大評価されているか？

第2に、買収プレミアムを獲得するために必要な期待シナジーが実現できなくなるリスクとして、どのようなことがあるか？

第3に、買収企業の株価が決済日前に下落する可能性はどのくらいあるか？

第1と第2の質問は、現金買収か株式買収かを決定するのに役立つと思われる。第3の質問に対する答えは、株式価値を固定するか株式数量を固定するかを決定するための指針となる。

第1の質問についてであるが、もし市場が自社株を過小評価していると思われるのであれば、この案件のために新株を発行しないほうがいい。新株を発行すれば、現在の株主に不利益を与えることになるだろう。もし市場が自社株を過大評価していると思われるのであれば、市場は新株の発行を受け入れるであろうが、買収に株式を利用する際には、株価下落の理由があまりにも多いことを肝に銘じておかなければならない。

さらに、買収対価の支払いに株式を利用しようとする企業は、自社の適正評価額にもとづくよりも、その時点で過小評価されている株価で新株の価格を求めてしまいやすいところがある。その時点では、安く買えると思ってしまうからである。そうすれば、その企業は、後ほど往々にして、意図した以上に支払うことになったり、事前に想定した買収価値を超えて支払う羽目に陥ったりする。

仮設例の買収企業が買収後の自社株の適正価値を100ドルではなく125ドルだと確信して、125ドルで4千万株の新株を供与する50億ドルを買収対価に設定すれば、後ほど売手企業が40億ドルの価値しかないと判明した時に、もはや3200万株の新株供与で良かったのだと思っても後の祭りとなる。

また、あらかじめ3200万株という「少なめの株数で、より価値のある株」を売手企業に説得するのは至難の業である。そこで、市場が過小評価している場合は、現金買収を選択するのが道理である。

それにもかかわらず、株価が低すぎると公言しつつ、同じ経営者が喜々として「低すぎる」株価で「大量の」株式を発行してきたのを私たちは目の当たりにしてきたのである。

第2の質問については、シナジー効果に自信のある経営者は現金買収を選好する傾向があるが、シナジー効果に多少とも懸念のある経営者は株式供与によってこのリスクをヘッジしようとする傾向がある。新株発行にともなう所有持分の希薄化によって、買収がらみの損失負担分をいくらか分散・抑制できるからである。しかしながら、それにもかかわらず市場は、株式買収よりも現金買収のほうを好感する傾向がある。

株式交換方式の買収だということになると、市場では、2つの明白なメッセージが送られたと受け止められやすい。1つは、買収企業の株は過大評価されていると。もう1つは、買収企業の経営者はこの買収にそれほど自信をもっていないと。そのため、原則的に表現すれば、買収による統合を成功させる自信があり、自社株が過小評価されていると思う経営者は、現金買収を進めるべきである。現金買収は、過小評価されていると思っている買収企業の市場価値評価の問題を解決することになり、買収企業の真の価値がよくわかっていなかった売手企業による価値評価問題をも解決する。

しかし、事はいつもそれほど単純に進むとは限らない。たとえば、企業は、現金買収を遂行するにたる現金資金あるいは負債能力を十分にもっていない場合がある。その場合、買収企業の取締役会は、過小評価された株式を発行することにともなう追加的なコストをかけてもなお、当該買収を正当化するにたりうるかどうかを判定しなければならない。

第3の質問がなされるのは、株式買収提案で話を進めることを決定した取締役会は、さらにこれをどのように組み立てるかも決定しなければならないからである。この決定は、買収発表日から決済日に至る期間に買収企業の株価が下落するリスクをどのように評価するかに依拠することになる。買収企業の取締役たちが決済前の市場リスクを負担する意思をもち、自社株式価値への自信を示せば、市場はその買収案件を好感する傾向がある。

株数を固定化する買収提案は、買収企業の株価が下落すれば売却企業の受領金額を減らすことになるので、買収企業の自信を示すシグナルとはならない。したがって、株数固定方式は、決済前の市場リスクが相対的に低い場合にのみ適用されるべきであろう。このことは、買収企業と売却企業が同一産業かきわめて関連性の高い産業にいる場合にとくに該当するものと思われる。共通の経済的諸要因がどちらの企業の株価にも影響を及ぼすことが多いため、買収合意時に取り決められた株式交換比率が、決済日にも双方の企業にとって公正さを保つ可能性は高いと思われる。

買収企業の株価が過大評価されているというシグナルを市場に送らずに、株数固定方式の提案を買収企業が組み立てる方法はある。たとえば、買収企業がある最低限保証価格を設定することによって、買収企業の株価が特定の床（下限）レベル以下に落ちることから守ることができる。そうした床を提供する買収企業は、多くの場合、売却企業に供与する総株式価値に天井（上限）も設定したがるようではあるが。

特定の床レベルを設定することは、売却企業にとっての決済前の市場リスクを抑えるだけではなく、売却企業の取締役会がこの案件から撤退する確率を押し下げ、売却企業の株主がこの取引に賛同しない確率を押し下げることにもなる。

株価を固定する買収提案は、決済以前の株価の下落にともなうすべてのコストを買収企業が負担するということなので、株数を固定する買収提案よりも自信に満ちたシグナルとして受け止められやすい。市場が株価を固定する買収提案のメリットを確信すれば、買収企業の株価は上昇さえするかもしれないし、その時には、売却企業の株主により少ない株式を発行するだけで済むことになるだろう。そして、買収企業の株主は、この案件がもたらす株主付加価値のより多くの割合を獲得することになるのである。

株式価値固定方式でも、発行株数に床（下限）と天井（上限）を設定する場合もある。天井を設定しておけば、買収完了前に株価が下落しても、買収企業の株主の権益が著しく希薄化するのを抑えることができるし、床を設定することは、売却企業の株主に最低限の株数を保証することであり、期待される株主付加価値への最低限の参加水準を保証することでもあるので、買収企業の株価を多少なりとも高めるに違いない。

売却企業への質問

現金売却の場合、売却企業の取締役会は、供与される現金と独立事業体としての自社の価値とを比較する必要がある。その際に生じるリスクは、自社をもっと高い価格で売却できるのではないかということや、独立事業体のままで自社の価値をもっと高めることができるのではないかということである。後者の場合は、これを正当化するのはきわめて難しい。

仮設例の売却企業の株主が、現在70ドルの株価に43％のプレミアムをつけた1株100ドルの買い取りの申し出を受けたとしよう。同程度のリスク水準の投資にこの現金を投下すれば、10％の利回りが得られるとする。5年後には、100ドルは複利で161ドルになる。もしこの申し出を断るのであれば、売却企業は、この申し出と同じ収益力をあげるために、現在70ドルの価値がついている株式で18％の年利回りを稼がねばならない。売却企業は、今、手中にある鳥と将来の不確かな利得とを天秤にかけねばならないのである。

売却企業の取締役会は、株式による買い取り、あるいは現金と株式の組み合わせによる買い取りの提案を受ければ、自社株主に供与される新統合企業の株式の価値評価をしなければならない。その際、売却企業の株主は、併合後の企業における実質的なパートナーであり、買収企業の株主と同様にシナジーの実現に大きな関心をもつことになる。

もし期待されたシナジーが実現しなければ、あるいは、買収完了後に別の予期せぬマイナス情報が出てくれば、売却企業の株主は、株式で受け取ったプレミアムのかなりの部分を失うことになる。それゆえ、売却企業の取締役会が株式交換方式の申し出を受け入れる場合には、自社株式に対して公正な価格が提示されているかどうかを確認するだけではなく、併合後の統合企業が魅力ある投資であるかどうかを確認しておかねばならない。その意味で、売却企業の取締役会は、売り手として行動すると同時に、買い手としても行動しなければならないのである。売却企業の取締役会も、買収企業の取締役会と同様の意思決定手順を踏まねばならないということである。

株式交換方式の買収の申し出があった場合、売却企業の株主は、提示された価値額が売却完了の前か後に実現できる価値額と思ってはいけない。初期の売却は、開示が限定的なものになるかもしれないし、買収のターゲットになった企業の株式は、買収完了以前の段階ではほとんどまず提示価格以下で取引されることが多い。しかも、併合企業の株式を売却するのを買収完了日以降まで待つにしても、その株式がその時点でどのくらいの価値をもつようになるかを見極める方法はないのである。

このように、株主の立場から見て、株価とリスクへの影響を考慮すれば、買収企業も売却企業もどちらも、株式よりも現金を選択すべき合理的根拠が多いのであるが、現実には、資金負担を買収企業から株式流通市場に移転できるという身軽さから現金よりも株式を選択する事例も増えてきているということである。

株式買収の原型としての企業合同
――株式交換の発生史的考察――

これまで見てきたように、現金買収と株式買収とは、企業を取り巻く現在的な状況の中でそれぞれのレーゾンデートル（選択されるべき根拠）をもっている。

しかしながら、現金買収か株式買収かの議論は、より本源的には、企業資本をとらえる2つの古典的かつ基本的な考え方にいきつく。企業資本をとらえる2つの考え方とは、現金・資材などの現物をいくら出資したかを重視する説と発行株式数の持分プーリングを重視する説なのであるが、両説は、時と場合によって一方が他方を圧倒しながらも、繰り返されてきた認識のズレやせめぎ合いそのものが表面化することは稀であった。むしろ、理論的には、「のれん」の価値評価を調節弁にしながら、機能資本と擬制資本の乖離的共存それ自体のうちに近代株式会社の存立基盤を求めてきた感がある。

ここでは、19世紀末から20世紀初めにかけてのアメリカにおける株式会社制度の普及とその高次化途上で展開された株式交換方式による企業合同を発生史的に振り返ることによって、常に意識下にあったかどうかは別として、企業資本をどのようにとらえるかについて、本来はきわめて対立的というか、少なくとも対照的な2つの考え方が、その対照性にもかかわらず、それぞれの時代的・場所的な整合性に応じて、一方の考え方が他方の考え方を圧倒していたことをあらためて確認しておきたいと思う。

19世紀末に、ほとんどのアメリカ産業において、価格や生産を調整する業界団体が結成されたが、1872年、石油業界に進出して10年もたたないうちに、スタンダード石油のジョン・D・ロックフェラーは全国精油業者協会を創設し、その初代会長となった。しかし、そこで取り決められたカルテル協定は、合法化どころか契約としての拘束力をもたなかった。

そこで、ロックフェラーは、競争業者の協力をとりつけるために、まず手始めにレーク・ショア鉄道に、1日60車両分の石油を毎日輸送すれば、クリーブランドとニューヨーク間の運賃を1バーレルあたり2ドルから1ドル35セントに引き下げてもらうように交渉をして、団結と大量取引の強みを同業者に示すことに成功した。かくして、ロックフェラー・グループへの加盟企業の数は、1876年までに25社以上、1880年までには40社に達するまでになっていった。

ここで重要なのは、ロックフェラーがグループを大きくし、その結束力を高めるために現金を1セントも使わなかったということである。たしかに、グループを大きくし、規模の経済を実現するために他企業を現金で買収しようにも、スタンダード石油のような初期の主導企業の多くはまだ十分な資金余力がなかっただろうし、ある程度の資金余力分は、それを現金買収以外のために、たとえば長距離パイプラインの建設や最新の精油設備投資などに振り向けることができたからである。

そして、巨大化していくグループを束ねていくために、加盟企業の独立性の高い同業団体カルテルからさらに一歩を進めて、実質的な企業結合のはかれるトラストが形成されることになった。1882年に設立されたスタンダード石油トラストは、トラスト加盟企業から株式を預かり、一種の預かり証としてトラスト証券を発行することによって、トラスト全体を集権的に管理していこうとする組織であった。

ところが、この「預かり証」であったはずのトラスト証券が、鉄道株ブームがそろそろ終盤期を迎える時期と重なったこともあってか、いずれ真性の持株会社[11]としての株式を発行することになる前の段階で、またたくまにウォール街で人気の「新しい証券」として期待され、1890年以降、「新しい持株会社の証券[12]」になっていったのである。

独占利益を体現する証券として、たしかにこれほどわかりやすい証券はなかった。加盟企業の株式と交換で発行されるトラスト証券は、ニューヨークの証券市場で、傘下企業の株式と交換で発行される持株会社株式と実質的な違いのない証券とみなされたのである。そして、このトラスト証券の発行においても現金出資に相当するような現金の拠出は一切必要ではなかったのである。

しかし、1892年、オハイオ州最高裁判所は、オハイオ・スタンダード社がトラストの構成企業であることを禁じる判決を下したので、スタンダード石油はトラストを解体し、当時すでに84社になっていた傘下企業を20社に整理統合した上で、この20社の株式がトラスト証券と交換にその持ち数に応じて比例配分され、トラスト証券は廃棄されることになった。

トラスト解体以後も順調な発展を遂げていたスタンダード石油は、1899年、持株会社のもとに再編成されることになった。先の20社の中からスタンダード・オイル・オブ・ニュージャージー社が持株会社となり、トラスト解体時のトラスト証券発行額と同額の9725万ドルの株式を発行して、それと交換に構成企業の株式を取得した。かくして、スタンダード・オイル・オブ・ニュージャージー社は、みずから石油事業の経営を継続しながら、自社を除く19企業と以前から株式を所有していた23企業、合計42企業の株式を所有する持株会社となったのである。

そして、ここでもまた、トラストを持株会社に再編するに際して、スタンダード石油グループは、現金の拠出を必要としなかったのである。かくして、クリーブランドの一精油業者としてスタートしたロックフェラーは、巧みな組織力と交渉力によって、現金拠出型のM&Aをほとんどすることなく、ニューヨーク・マンハッタンのブロードウェイ26番地の持株会社本部でアメリカ石油産業の大半を支配する帝王の座についたのである。

1890年にシャーマン反トラスト法が制定されるが、トラストだけでなく独占一般を規制するもので、スタンダード石油は1911年にこの法律に違反しているとして再び解体を命じられている(13)。しかし、34社に分割してもなお、かつてのスタンダード石油は、現在のエクソンモービル、シェブロン、BPなどの有力石油事業会社として存続してきているのである。

企業結合の形態がカルテル、トラスト、持株会社あるいは企業合同と進んでくると、次第に、併合される企業の株式と併合する企業の株式との交換比率の決定に独占の要素が加味されるようになってくるのが自然の成り行きであった。

1901年におけるUSスチールという巨大な鉄鋼会社の誕生[14]も、もともと合併を重ねて巨大化したカーネギーなどの製鉄関連企業12社のさらなる企業合同にもとづくものであった。USスチールは、額面価値で、優先株5億1千万ドル、普通株5億8000万ドル、社債3億3000万ドル、その他の担保付き債務などの負債8100万ドル、計14億200万ドルの総資本で組織された。これに対して、被合同企業12社の発行済み有価証券（普通株・優先株・社債）は額面8億8千万ドルであり、引き継いだ負債8100万ドルを加えて、併合前の総資本は9億6100万ドルなのであった。この併合前の総資本9億6100万ドルと新併合企業の総資本14億200万ドルとが交換されたわけである。その差額の4億4100万ドルが、この合同によってもたらされると期待された独占にもとづく将来収益力の資本化額であり、額面価値ながら新併合企業の「のれん」価値なのである。

といっても、この「のれん」価値がただちに「のれん」価値として認識され表記されたわけではなかった。当初は鉄鉱山などの有形資産の市場価値の拡大として表現されるにとどまったりしたので、「のれん」を場合によっては「水増し」と同義に解釈することさえあったが、いずれにしても、株式交換による企業合同の進展が、企業価値に「のれん」という大化けしやすい価値を組み込む慣行をもたらすことになったのである。

註

（1）この合併合意が守られなかった時の罰則規定も破格であって、その際には、フェイスブックはワッツアップに現金で10億ドルおよび契約破棄に先立つ10営業日の平均終値をベースにした10億ドル相当のフェイスブックのクラスA株式を供与することになっている。

（2）ワッツアップの財務情報は非公開ながら、アメリカの経済誌『フォーブス』によれば、クームはワッツアップ株の約45％、アクトンは20％以上を所有していた。http://www.forbes.com/sites/ryanmac/2014/02/19/whatsapp-founders-become-billionaires-in-19-billion-deal-with-facebook/

（3）フェイスブックの年次報告書によれば、買収発表の1年ほど前の２０１２年12月31日時点での発行済株数は、クラスA普通株式16億７１２７万７６２１株、クラスB普通株式７億１４２万７５７４株、総計23億７２７０万５１９５株であった。Facebook, *Annual Report 2012*, December 31, 2012, p.94. ２０１４年２月19日のフェイスブックのプレスリリースによれば、同年２月17日時点でクラスA・B合計の普通株式25億５１６５万４９９６株と１億３９００万株の制限付き株式ユニットが発行済みであった。

（4）Alfred Rappaport and Mark L. Sirower, "Stock or Cash?: The Trade-Offs for Buyers and Sellers in Mergers and Acquisitions," *Harvard Business Review*, November-December 1999, p.149.

（5）川名如広・兼松雄一郎「スマホ40億人時代（上）（下）」『日本経済新聞』２０１４年3月11・13日。

（6）ここでは、あえて非公開企業という表現を避けている。社会的な通念として、非上場企業＝非公開企業、上場企業＝公開企業という区分けは今でも存在しているが、我が国の会社法では、公開会社といえば、株式譲渡制限をしていない会社のことであって、公開・非公開の区別は、たとえ重なることはあっても、上場・非上場の区別から独立している。

（7）ついでながら、欧米では財・サービスの買い手のほうがよっぽど「ありがとう」を強調するし、場合によってはチップまではずむのであるが、施しでもないのに対価を受け取る売り手の腰だけが低いのは、少し寂しい感じがする。拝金主義にもとづく「おもてなし」につながるのだろうか。互恵主義にもとづく感謝の気持ちが売り手と買い手の双方に生じるような取引を心がけたいものである。

（8）See Rappaport and Sirower, op. cit., pp.147-158. ただし、彼らとは異なる計算も一部加えている。

（9）定住できる装置のついたキャンピングカーで、トレーラーハウスともいう。アメリカでは、移動もできる家屋として人気が高い。

（10）Rappaport and Sirower, op. cit., pp.152-155.

(11) アメリカにおける持株会社は、ニュージャージー州が1889年にこれを認めたのを契機に急速に普及した。

(12) Alfred D. Chandler, Jr., *The Visible Hand: The American Revolution in American Business*, Harvard University Press, 1977, p.332. 鳥羽欽一郎・小林袈裟治訳『経営者の時代』下巻、東洋経済新報社、1979年、577頁。

(13) スタンダード石油トラスト成立の経緯については、Chandler, op. cit., pp.315-344, 418-426. 前掲訳書、551-599、724-736頁。谷口明丈「現代企業の発生―ロックフェラーとスタンダード・オイル」東北大学経営学グループ編著『新版・ケースに学ぶ経営学』(第3章所収) 有斐閣、2008年、49-62頁を参照。

(14) USスチール設立前後の企業価値評価の詳細については、三浦隆之『第三版・近代経営の基礎―企業経済学序説―』創成社、2013年、261-316頁、とくに276-282頁にかけての第2表・第3表・第4表を参照。ちなみに、負債を含む総資本の市場価値(時価総額)で比較すれば、被合同企業12社の8億ドルの資本が、実物資本になんの変化もないままで、USスチール社の11億ドルを超す資本に瞬時に変換され、3億ドルを超す「のれん」価値が生まれたのである。

第6章　アンチ・テーゼからの示唆と反転

M&Aをせずに成長した企業・トヨタ

20世紀までは、とくに1980年代初め頃までは、M&Aをせずに大きく成長した企業はある程度存在していた。しかし、21世紀に入って早くも10数年を経た今、もはやM&Aを経験しない大企業はほとんどないといっていいほどである。もちろん、海外への事業展開にあたって、進出国の外資規制をクリアするために、現地資本との合弁会社を立ち上げることはあっても、あるいはまた、国内・海外を問わず、他企業との業務提携や共同生産をすることはあっても、これまで成長戦略の一環として国境を越えた既存企業とのM&A、いわゆるクロスボーダーM&A(1)をせずに成長してきた世界的企業がないわけではない。たとえば、トヨタ、ホンダ、キッコーマンなどの企業がそれである。

トヨタの成長の歴史は、合併・買収などの「合社」よりは、むしろ、それとは対極にある「分社」の歴史であった。豊田自動織機製作所（現在の豊田自動織機）が自動車製造のため自動車部を設置したのは１９３３年のことであり、この自動車部を分離独立させて、トヨタ自動車工業（トヨタ自工と略称、現在のトヨタ自動車）が設立されたのは１９３７年のことであった。そして、自動車製造が軌道に乗るにつれて、関連業務を担う豊田製鋼（現在の愛知製鋼）が１９４０年に、豊田工機（現在のジェイテクト）が１９４１年に、東海飛行機（現在のアイシン精機）が１９４３年に、トヨタ車体工業（現在のトヨタ車体）が１９４５年に分離独立していったのである。さらに、日本電装（現在のデンソー）が１９４９年に、トヨタ自動車販売（トヨタ自販と略称、現在のトヨタ自動車）と民成紡績（現在のトヨタ紡績）が１９５０年にそれぞれ分離独立したのである。

なお、トヨタ自工とトヨタ自販は、１９８２年に合併して、現在のトヨタ自動車となり今日に至るのであるが、自動車という産業業務を製造業務と販売業務とに大別して分社する方式は、アメリカのゼネラル・モーターズ（ＧＭ）の車種（ブランド）別事業部制組織との対比でいえば、職能別分社制組織とでも表現できる我が国固有の独自性をもった組織であった。トヨタ自動車の製販分離方式は、１９３７年から数えれば45年間、１９５０年から数えても32年間にわたって存続し、その間、素晴らしい業績を上げて、今日の世界企業としての基盤を培ったのである。

そして、トヨタ自工・自販の併合後も、グループ全体としての分社制組織は存続し、企業別組合のもとで賃金体系の複合的・重層的な形成を許容しながら、グループ全体としての人件費の絞り込みに成功してきたのである。これでは、かつてアメリカの産業別組合の中で最強といわれた自動車労働組合（UAW）と対峙してきたアメリカの自動車会社が、人件費・福利厚生費の面で我が国に比べて相対的に疲弊しやすかったはずである。

今日では、豊田自動織機（23・51％）、愛知製鋼（23・71％）、ジェイテクト（22・57％）、アイシン精機（22・25％）、デンソー（22・31％）、トヨタ紡績（39・25％）のすべてが独立した上場企業でありながら、その筆頭株主はすべてトヨタ自動車であって（括弧内の数字は2013年3月末時点におけるトヨタ自動車による所有比率）、その他のトヨタ・グループ関係の法人・個人の持分を入れるとさらに所有比率は大きくなる。

ただし、トヨタ系列の上場企業に対するトヨタ自動車の出資持分は、ほとんど20％台にとどまっているわけだから、トヨタ自動車本体はわずか2割ほどの出資で、傘下の上場企業からほぼ100％に近い生産協力をえていることになる。かつて合併に次ぐ合併で巨大化したGMが相対的に大企業病を患いやすかったのにたいして、世界一の自動車メーカーになったトヨタは、生産規模が巨大化したにもかかわらず、ある種の身軽さを維持することができたのである。

ところで、トヨタ車体の場合、トヨタ自動車の所有比率はもともと高く、1979年に38・8％、2009年に56・48％と上がってきていたが、ついに2011年末に上場を廃止し、トヨタ自動車の完全子会社になっている。

トヨタ自動車の運用総資産のうち、半分以上が投資勘定にまわされており、直接自社の自動車業務にあてられているのは47・3％にすぎない。連結でみても、半分近くが金融セグメントで運用されていて、自動車等セグメントで運用されている資産は全体の54・2％なのである（2013年3月期）。したがって、トヨタ自動車は本質的に、現業をもつ紛れもない持株会社なのである。

ただし、この持株会社は、企業売買を頻繁に行うための持株会社ではない。むしろ、企業売買のターゲットにならないための持株会社なのである。かつて、トヨタ系列の小糸製作所がブーン・ピケンズに買い占められた時の教訓もあってか、トヨタ系列の上場企業は、トヨタ自動車を筆頭株主とし、その出資比率は最低20％を保っている。ちなみに、2013年12月末のトヨタ自動車の時価総額は22兆円となり、2位のソフトバンクの11兆円のちょうど2倍となっている。

現在では、世界のビッグ・スリーの一翼を担うトヨタであるが、海外での生産開始には慎重であった。1958年ブラジルに、1962年タイには進出していたが、アメリカには、いきなり単独で直接投資するのを避けて、1982年、GMとの合弁会社NUMMI(New United Motor Manufacturing, Inc.)をカリフォルニア州に設立し、そこで1984年アメリカ初の生産活動を開始した後は順調に、欧米各地、中国各地へと生産拠点を広げていったのである。

ちなみに、2013年3月期におけるトヨタの連結生産台数の海外比率は50・8%であり、連結販売台数の海外比率は74・3%に上っている。

トヨタの場合、先進国への直接投資は、1980年代の初頭にスタートした。そして、その後は、トヨタとレクサスのブランドだけでまたたくまに世界企業となっていった。くしくも、1980年代前半までに世界企業になったトヨタは、企業成長のためのM&Aを必要とはしなかったのである。

本田宗一郎のスピード

ホンダという企業の成長のスピードを語る時、創業者・本田宗一郎のなすべきことを決める目の付けどころの良さと意思決定の速さにつながる思い切りの良さを語ることになる。

自動車修理業からスタートした宗一郎は、本田技研工業株式会社を1948年に創業して10年目の1958年に、軽量で使い回しがよく、モダンでスマートなバイク「スーパーカブ」を売り出し、おおいにヒットさせた。この10年は、自転車に小型の補助エンジンを取り付けるだけといっていいような段階から、1952年における当時としては途方もなく巨額の投資になった4億5千万円の工作機械の輸入にもとづく精密部品加工技術の磨き上げの時期であり、かつ資金的には倒産も見え隠れするほどの苦難の時期でもあった。

さらには、1954年に世界最高峰のオートバイレースの本場、イギリス・マン島のTTレースを視察した5年後の1959年、実際にレースに参戦し、1961年には1位から5位までを独占するという完全優勝を果たした。ホンダの名声はいっきに上がったのである。こうしたレース体験は、翌62年の鈴鹿サーキットの造営にも結実し、さらに、翌63年には、四輪事業にも日本のメーカーとしては最後発で参入した上で、四輪のF1レースへの参戦も表明した。そして、65年のメキシコグランプリと67年のイタリアグランプリで立て続けに優勝したのである。

１９６７年にはＦＦ方式の軽自動車「Ｎ３６０」を、１９７２年には「シビック」を発売して、同年10月、アメリカのマスキー法を世界で初めてクリアした低公害ＣＶＣＣエンジンの開発に成功、76年にはこのＣＶＣＣエンジンを搭載した「アコード」を発売した。

１９８２年には日本の自動車メーカーの中で最初にアメリカでの乗用車生産を開始し、「アコード」はアメリカで大人気となった。80年代は、Ｆ１その他の四輪車レースでも華々しい活躍をした時期であったし、日本最後発乗用車メーカーのホンダが世界の自動車メーカーとしての地位を確立した時期でもあった。本田宗一郎は、それを見届けてから１９９１年の夏に逝去した。

２０１３年３月期におけるホンダの二輪事業売上高の海外比率は94・５％、四輪事業売上高の海外比率81％であり、正真正銘の世界企業としての地位を確立している。

ホンダの場合、乗用車メーカーとしてのスタートは我が国で一番遅かったにもかかわらず、アメリカでの現地生産は一番早く、１９８０年代の前半期には、世界企業としての地位を確立して、企業成長のためのＭ＆Ａを必要としなかったのである。

キッコーマン・ステーキにも合う調味料

醤油といえば、日本独自の調味料なのではあるが、今では、欧米でもステーキやバーベキューにもよく合う調味料として、かなりの認知を高めるに至っている。そのきっかけは、キッコーマンによるアメリカへの進出であった。

キッコーマンは、もともと日系アメリカ人のために第2次世界大戦以前からアメリカに相当量の醤油を輸出していたが、戦後、本格的なアメリカ進出を目的としてサンフランシスコに販売会社を設立したのは、1957年のことであった。[2] キッコーマンのホームページによれば、それから半世紀以上が経過し、今ではアメリカの半分近い家庭に醤油が常備され、キッコーマンは醤油の代名詞になっているとのことである。

そして、固有の醤油だけではなく、欧米人にあった「テリヤキソース」などの開発も加えられ、1973年には初の海外生産拠点がウィスコンシン州に設立され、1998年にはカリフォルニア州にアメリカ第2工場もオープンした。

キッコーマンのヨーロッパ進出は、1973年ドイツのデュセルドルフから始まり、直営の鉄板焼きレストランで肉や現地の食材と醤油の相性の良さを味わってもらうことからスタートし、1997年には初のヨーロッパ工場が完成し、ヨーロッパ全域への製造と流通の拠点となっている。近年は、ロシアや東ヨーロッパへの出荷量も増え、醤油が世界の調味料として受け入れられつつあるという。

アジアでは、1984年にシンガポール工場を稼働させて以降、台湾、中国では現地との合弁事業をつうじて、キッコーマンはアジア市場にも浸透してきている。

このように、1950年代のアメリカ進出に始まったキッコーマンの国際化は、70年代にはヨーロッパ、80年代にはアジア、そして現在に至るまで展開地域を拡大してきており、企業成長のためのM&Aをせずに、いまや売上高の海外比率51%、営業利益の海外比率74%を達成する世界企業となっている（2014年3月期）。

キッコーマンは、2014年9月から生鮮野菜の生産と販売に参入することになった。その第1弾として、アメリカの有力ブランド「デルモンテ・ぜいたくトマト」を売り出すが、デルモンテとは提携関係にとどめている。

1985年はクロスボーダーM&Aへの分水嶺か

以上のように、ここで取り上げたトヨタ、ホンダ、キッコーマンの3社は、1980年代前半までに、それぞれの内包的な成長の延長線上で、M&Aに頼らず、海外への直接投資によって世界企業としての足場を築き上げたのである。他方で、ブリヂストンやソフトバンクなどの企業は、1980年代後半以降にM&Aによって世界企業への本格的な歩みをスタートさせている。

こうした代表的な事例は、いわゆるクロスボーダーM&Aが「1980年代後半から活発化した[3]」という西川潤の指摘と符合する。

時間的な境目になった1985年といえば、その4月に日本専売公社が日本たばこ産業株式会社（JT）に、さらに日本電信電話公社が日本電信電話株式会社（NTT）になった年であり、また、その9月にドル高是正のために先進5カ国が為替市場に協調介入することになったプラザ合意の行われた年でもあった。

まず、日本専売公社と日本電信電話公社の民営化であるが、日本国有鉄道の分割民営化（1987年）とともに、我が国における民営化ラッシュの象徴であったし、とくにJTは民営化後のグローバル化においても際立った存在になっていて、1994年に株式を上場したあと、クロスボーダーM&Aにも乗り出し、1999年R・J・レイノルズ・タバコ・カンパニーの海外タバコ事業（RJRI）を、2007年にはイギリスのギャラハーを買収して、国内消費の冷え込みを海外消費の上昇で補っている。

さて、プラザ合意であるが、この合意によってドル安誘導の目標は達成され、円は1ドル240円台から150円台まで上昇して急激な円高・ドル安が進んだにもかかわらず、日本の輸出は衰えず、貿易摩擦を回避するため、1980年代後半以降に日本企業によるアメリカなどへの海外直接投資やクロスボーダーM&Aが増加していった。

たとえば、ソニーは、1988年から1989年にかけて、CBSレコードとコロンビア映画を立て続けに買収したし、三菱地所は、1989年ニューヨーク・マンハッタンのロックフェラーセンターを買収したが、1995年に全14棟のうち12棟を売却した。松下電器産業（現、パナソニック）は、1990年から1991年にかけて、MCAレコードとユニバーサル映画を買収したが、1995年にはカナダのシーグラム社に売却している。バブルとその崩壊を象徴するケースであった。

電機業界では、日本よりもアメリカのほうがそのドラスチックな変化では先行したようで、果敢なM&Aと事業売却で知られたジャック・ウェルチがGEのCEOになったのは1981年であったが、かつて総合家電の代名詞でもあったGEからテレビ、ビデオなどのコンシューマーエレクトロニクス分野が消えていったのも1980年代であったし、同様にアメリカを代表する総合電機メーカーであったウェスチングハウスは、1997年に

ＣＢＳという名前のメディア企業へと一変した上で、１９９９年にバイアコムによって買収され消滅し、イギリスのＢＮＦＬの傘下にあった原子力発電部門は２００６年に東芝によって買収されている。

また、ダイキン工業は、１９８２年のタイ、ベルギーへの直接投資からスタートして、海外企業との提携や合弁も増えていったが、クロスボーダーＭ＆Ａとしては、２００６年にドイツの暖房機メーカー、ロテックス社を買収し、２０１２年にアメリカの住宅用空調大手グッドマン社を買収して、グローバル空調市場におけるリーディングカンパニーとしての地位を盤石なものとすることに成功した。ダイキン工業の海外売上高比率は、２０１４年３月期で71％になっている。

海外現地生産のための直接投資とクロスボーダーＭ＆Ａのための証券投資は、マクロ的・全体的には、企業活動の多国籍化あるいはグローバル化ということで一本化することも可能なのであるが、ミクロ的・個別的には、当然区別されてしかるべき重要な戦略的決定事項なのである。

そこで、ミクロ的な視点から企業活動のグローバル化を振り返れば、１９８０年代前半までは、直接投資による世界企業への道も開かれていたが、１９８０年代後半から20世紀末までは直接投資からクロスボーダーM&Aへの主軸の移行期となり、21世紀に入って以降では、2005年におけるアステラス製薬（藤沢薬品工業と山之内製薬の合併によって成立した企業）ならびに第一三共の成立、2012年における新日鉄住金の成立などに見るように、世界企業への道を確保するためには、国内海外を問わずM&Aに依拠する他はなくなってしまったのだろうか。たしかに、これまで取り上げた事例からすれば、そのような傾向を感じさせるものがある。

しかし、世界は広く、産業は新しい業態を次々に生み出してきている。たとえば、あくまでも将来への展望ではあるが、2013年8月期に売上高1兆円を達成したファーストリテイリングの柳井正会長兼社長は、2014年3月5日、香港証券市場への上場に際しての記者会見で、「2020年に売上高5兆円を達成する」という目標を示し、この目標を「M&A（合併・買収）ではなく、オーガニックに（自力で）達成する」と発言している[4]。

このように「M&Aではなく、オーガニックに」世界企業を目指すとはいっても、ファーストリテイリング自身、オーガニックに育んできた主力事業のユニクロに加えて、2004年から2012年にかけて、セオリーのリンク・インターナショナル、コントワー・デ・コトニエ、キャビン、ビューカンパニー、Ｊブランドといった海外企業を子会社化してきているのである。しかも、こうしたグローバル・ブランド事業の売上高は、２０１３年８月期において2千億円を超えており、全売上高の２割に迫る勢いなのである。

ユニクロは、アパレル製造小売業として、海外への進出・展開が中国を中心としたアジアからスタートしているので、業務提携、資本提携、合弁事業運営といったアジア特有の外資政策の枠内に収まるかたちで世界企業への道を歩み始めたので、クロスボーダーＭ＆Ａが活発化したのは21世紀になってからのことであり、その対象はいきおいヨーロッパやアメリカで有力ブランドを築いた企業に向けられたのである。

国内での合併に次ぐ合併で目覚ましい成長を遂げてきた持株会社ＬＩＸＩＬグループの場合でも、海外企業にたいしては２００９年７月にアジアでの水回り製品事業を拡大していく布石としてアメリカンスタンダード・アジア・パシフィックを、２０１１年11月にイタリア建材大手で世界ナンバーワンのカーテンウォール事業を展開するペルマスティィリーザを、２０１４年１月にドイツ水栓金具大手のグローエを買収し、同年秋には南アフリカ企業の住設部門を買収すると発表したように、クロスボーダーＭ＆Ａが本格化したのは21

世紀に入ってからのことであった。

また、かつて世界で一番売れた携帯電話機メーカーのノキアがその携帯電話事業をマイクロソフトに売却し、他方で、ノキアの前に携帯電話で世界一だったモトローラがグーグルに部門買収されたかと思いきや、すぐさまレノボに転売された。めまぐるしいほどの動きである。このレノボは、2013年にはパソコン部門のトップシェア企業となったが、その大きなきっかけは2005年にIBMからパソコン部門を買収したことであっただろうし、2011年からのNECとの合弁事業によって日本市場を広げ、2014年にはさらにIBMから低価格サーバー事業も買収する。

グーグルも、携帯電話OSのアンドロイド、世界地図のグーグルアース、動画共有サイトのユーチューブなど、2005年前後に買収した企業がグーグルの提供する主要なサービスの柱になっているし、2005年から2014年1月までに実施したM&Aは、合計130件、金額にして250億ドルに達するという。とりわけ、2014年に買収した家庭用サーモスタット（自動温度調整装置）のネスト・ラボと人工知能（AI）を開発するディープマインド・テクノロジーズなどのように、ベンチャー企業にたいしてグーグルがリスクマネーを循環させる舞台装置の役割を果たしていることは注目に値する。新興企業に出資するベンチャーキャピタルにとって、新規株式公開（IPO）以外にも投資回収の機会をえられることの意義は大きいからである。(5)

東芝にしても、次世代エネルギー分野の事業拡大のために必要不可欠とされるスマートメーター事業へ進出するため、2009年に東光東芝メーターシステムズを設立し、2010年には社長直轄組織の「スマートコミュニティ事業統括部」を設立していたが、まだ黎明期とはいえ、この分野ではアイトロン（アメリカ）、ランディス・ギア（スイス）、センサス（アメリカ）といった欧米メーカーが先行していたため、2011年5月ランディス・ギアを買収して、グローバルマーケットでの足場を固めたのであった。

また、これまで大規模なM&Aを手がけてこなかった東レも、もともと炭素繊維部門の世界トップシェアの企業ながら、同部門のアメリカトップ企業のゾルテックを2013年に買収して、いっそうの飛躍をはかっている。

金融業界では、2013年末の三菱UFJフィナンシャル・グループによるタイの大手銀行、アユタヤ銀行の買収があったし、保険業界では、株式会社化して東証一部に上場した第一生命が、2014年アメリカのプロテクティブ生命を買収した。M&Aを通じた業界地図の塗り替えは、21世紀に入ってますます加速してきているようである。

資生堂・ユニバーサル路線かアジアン路線か

アジア進出から世界企業への道を歩み始めた点ではファーストリテイリングと同様ながら、時期的にはかなり先行して中国に進出した企業に資生堂がある。

1872年、日本で医薬品といえば中国の漢方を意味していた時代に、日本で最初の西洋スタイルの薬局として創業した資生堂は、1897年にはスキンローションの開発・製造・販売に乗り出して以降、化粧品業界の雄として、事業のグローバル化への歩みも非常に速かった。

1929年、資生堂は台湾で事業を始め、当時日本の領土であった台湾全域と朝鮮半島で広範な流通網を構築した。1960年には、アジア系の人口が多いハワイで化粧品の販売を始め、65年にはアメリカ本土にまで進出した。

その後、香港、イタリア、オランダ、タイ、フランス、ドイツ、イギリス、中国と進出先は広がり、1986年パリのビューティーサロンの買収以降、海外の化粧品ブランドやヘアサロンなどをいくつか買収したが、資生堂のブランドを主軸においた経営に変化はなかった。

フランス政府は、1990年代フランスにとっての戦略的な産業であった化粧品業界を保護していたこともあって、資生堂のフランスにおける買収先は、まずビューティーサロンやヘアサロンのような周辺業態に集中した。

その後、資生堂は、規模は大きくないがアメリカおよびヨーロッパでいくつかの外国ブランドを買収した。そして、1996年に資生堂の海外売上高は全体の6％しかなかったのが、2004年には海外の売上高が資生堂全体の売上高の27％を占めるまでになった。

資生堂の中国進出は1981年であったが、当時の中国では、衣服はまだ配給制で、男も女も同じ紅衛兵の制服を着ている時代であった。化粧品やファッションが売れる時代ではなかったので、トイレタリーに的を絞り、1983年からシャンプーとコンディショナーの製造を開始した。

このトイレタリー事業の成功の結果、1991年、中国との合弁で「オプレ」（欧珀莱）ブランドの化粧品事業が開始され、大成功をおさめて、2004年にはオプレ・ブランドは中国全土の350の百貨店で販売されるようになった。

また、1998年には、中国のマス・マーケットを念頭に置いたZa（ジーエー）ブランドを製造・販売するために、別の合弁事業も開始した。そして、資生堂は、中国でもボランタリー・チェーン・ストア・ネットワークを構築して、2009年、その店舗数は4

千店を超えた。
こうした中国におけるすべての活動を統括するために、2004年に、資生堂は上海に持株会社「資生堂投資有限公司」を設立している。[6]
かくして、今日でもなお日本最大の化粧品メーカーである資生堂は、1990年代以降、中国で大規模に事業を展開し利益を上げてきたが、欧米の市場で成功することは困難をきわめた。資生堂は、1977年と1989年における化粧品売上高の世界第3位にあったが、2008年時点では世界第9位にまで後退している。1995年から2005年のあいだに世界のトップ2社であるロレアルとP&Gは売上高を倍増させたが、資生堂の売上高はほぼ横ばいだった。花王はシェアを奪い、2007年のカネボウ買収後、同社の化粧品事業の規模は資生堂にほぼ並んだ。[7]
ジェフリー・ジョーンズの調査[8]によれば、1955年から2009年にかけて、ロレアルとP&Gはどちらも8件ずつの大型のM&Aを実施しており、花王もこの間に3件の大型M&Aを実施したが、資生堂はこの間に大型M&Aを実施していないのである。
しかし、他の大手メーカーが盛んにM&Aに走る中、資生堂が、大型のM&Aをしないでなおグローバルプレイヤーとしての役割をみごとに果たしてきたことは驚嘆に値するとともに、日本ナンバーワンとして、また、アジア・ナンバーワンとしての矜持を感じる。資生堂は、戦後しばらくの間、他の日本の化粧品メーカーと同じように、西欧化された日本人の顔をつくるというコンセプトを示すために、日本人と西欧人のハーフのモデルを多用した。ところが、21世紀に入ったあたりから、資生堂は、やはり他の日本の化粧品メーカーと同じように、欧米人やハーフのモデルの使用をやめ、アジア人、それも人気のある日本人女優を複数起用し、「日本の女性は美しい」という広告キャンペーンによって、シャンプーのTSUBAKIなどを大ヒットさせるようになった。

2013年3月期における資生堂の事業活動領域は、日本を含めて89の国と地域に及び、連結売上高に占める海外比率も年々伸長して、44・9%を占めるに至っている。

資生堂は、「日本をオリジンとし、アジアを代表するグローバルプレイヤー」となることを標榜してきている。そして、資生堂の研究開発能力の高さは定評のあるところである。しかし、「海外市場でも当社グループが成長戦略の柱として位置付ける中国を含むアジア市場等において、グローバルコンペティターが積極的なM&Aやマーケティング活動を展開し、消費者の認知度を高め市場シェアの拡大を図るなど、競争環境が一層厳しくなってきて」いるとの指摘はあるが[(9)]、日本市場、中国市場に続く次世代の成長をどこに求めるのかをもっと具体的に示し、取り組むべき時にきていることは間違いない。

サントリー・じっくり果敢に

サントリーといえば、これまでM&Aとはほとんど無縁で、非上場のまま企業内多角化で成長してきたのであるが、親会社の純粋持株会社化と子会社の上場化をきっかけにして、果敢にM&Aを仕掛ける企業に変貌した。

まずは、変貌する前のサントリーから見ていこう。

ポルトガルの宣教師によって日本に最初にもたらされた洋酒がポートワインであったことはよく知られていて、信長、秀吉、家康も少しは嗜む機会があったようである。当時の日本酒は日持ちが悪く、翌日には酢になったというから、遠い外国からはるばる時間をかけて運ばれてきた葡萄酒がおいしく飲めたことは驚きであったろう。

サントリーの創業者、鳥井信治郎は、この葡萄酒に注目して1899年に事業を起こし、1907年に赤玉ポートワインの製造販売を開始した。そして、1923年、ウイスキー事業に乗り出し、1963年にはビール事業にも乗り出した。しかし、ビール事業が大きく花開くのは、2003年のザ・プレミアム・モルツの発売以降のことなので、じつに40年という途方もない下積みと研鑽の時間をかけている。かつて寿屋に籍を置き、サントリーの宣伝にたずさわった山口瞳の筆にかかるとこうである。

赤玉ポートワイン・・・これが当った。売れた。こういうときに、誰が、どの会社が、会社の基礎を危うくするような新事業（たとえばウイスキー）に乗りだすだろうか。食品で当れば、会社はまず安泰である。ほかの産業とはわけが違う。そいつが売れなくなってきたときに他の製品を考えるというのが普通の会社の行き方である。寿屋はそうではない。赤玉ポートワインの一番売れているときにウイスキーに乗り出すのである。ウイスキーの絶頂期にビールに突進するのである。前へ前へと進んでゆく。

もうひとつ、例をあげよう。

サントリーは株式を公開していない。・・・この点に関して、佐治敬三は、つぎのように明言している。

「ビールが当ったら、株式を公開しましょう」

不退転の決意である。鳥井信治郎の血と、寿屋の歴史が、彼にそう言わせているのである。(10)

サントリーのウイスキー事業やビール事業には、準備期間というか前史があった。葡萄酒で創業間もないサントリーは、早くも明治末期の1911年にはイミテーション段階の一種の混合種ヘルメスウイスキーを製造販売し、大正中期の1919年には輸入洋酒の樽に詰めていたアルコールがいい味をかもして1樽だけのトリスウイスキーを販売し、酒は生きているという教訓をふまえて、大正後期の1923年、ついに京都郊外の山崎の地で日本初の本格的なウイスキー製造への道を踏み出している。

また、今日の主要なビール会社の前身はすでに明治年間に創業していたが、鳥井信治郎はビール事業についても強い関心をもち、1919年に設立されていた日英醸造株式会社が破綻の危機に瀕した時、そのビール工場を1928年に101万円で買収して、まず元の商品名を使った新カスケードビールを製造販売したあと、独自ブランドのオラガビールを発売する。

しかし、すでにその頃、日本のビール業界は現在とおなじ寡占体制に入っていて、信治郎の挑戦はことごとく遮られた。当時のビールは、寡占企業間の価格協定で1本33銭であり、また、他社の瓶を使い回してはいけないということになっていた。信治郎の挑戦と挫折は、サントリーの広告マンとしても活躍した開高健の筆によれば、次のとおりである。

信治郎はこれに対抗し、一本27銭で売り出し、瓶は共用すべきだと主張し、それが容れられないと工場のすみっこにグラインダーをすえつけ、よその社の瓶のマークをゴシゴシ削り落とさせた。これがよその社の頭にカチンと来て、商標侵害で訴えられる。信治郎は床を踏んでくやしがったが、法廷は彼の主張を容れなかった。5年間、悪戦苦闘したのち、彼は工場を大日本麦酒に売り、つぎの目標を求めつつ撤退した。現在ではA社の瓶にB社のレッテルを貼って売るというのは常識として慣行されているところで、おなじことをしても商標侵害として訴追されることはあるまい。信治郎はいささか時代より早すぎたのである。(11)

既存の寡占企業間の価格カルテルに挑戦し、ビール瓶の合理的な使い回しを提唱したオラガビールの工場は、ついに1934年に売却された。わずか6年間のビール事業への参入は、苦難苦闘の連続であった。そして、サントリーは、ビール業界に1963年に再参入するまで、29年間、ビール醸造を我慢したのである。

さて、ポートワイン、ウイスキー、ビールに続いて、サントリーは、1972年に食品事業、1979年に医薬事業、1999年に健康食品事業に参入した。2002年に医薬事業からは撤退したが、現在の5つの事業分野の根幹にあるのがすべて地下水・天然水だということで、自社工場の水源地を「天然水の森」として保護活動を始めたのは2003年のことだった。現在、森林整備の面積は7600ヘクタール。サントリーが国内で利用する地下水の量を、将来にわたって賄うことができる面積だという。しかし、地下水の重要性と危機を知って、森林整備の面積を2020年までに2倍近い1万2千ヘクタールに拡大することも決めたという[12]。

非上場の持株会社と子会社の上場

2009年春、サントリーは、非上場のまま純粋持株会社制に移行して、正式名称はサントリーホールディングス株式会社（以下、サントリーと略称）となった。傘下企業は、200社を超える。

そして、2009年夏には、キリンとサントリーの統合案が明らかとなった。これが実現すれば、世界でも最大級の酒類・飲料メーカーとなるはずであったが、2010年2月にこの統合案は破談となった。統一化された持株会社のもとに、キリンとサントリーがそれぞれ自立した事業会社として存続するとしても、非上場大手と上場大手の合併は、合併後の合理的な持株会社自体の構築に大変な苦労がともなうに違いない。統合案の白紙還元という結果は、キリンにとっても、サントリーにとっても、そしてなによりも日本国民にとってよかったのではないだろうか。

あまりにも企業の文化・風土の異なるもの同士の統合は、ダイムラーとクライスラーの統合と分割の例に見るように、生産サイドだけでなく消費サイドにおいても問題視されやすいのである。フィアットとクライスラーの場合はどうであろうか。注目されるところである。

消費者の中には、国内大企業同士の併合による独占の弊害を恐れる以上に、個性の違う生産者が一緒になってこれまで培ってきた個性が濁ったりぼやけたり薄まったりすることを嫌う人も多いのではないだろうか。消費者としては、たとえ寡占的状況にあっても、寡占企業同士が競争しながらそれぞれの個性に磨きをかけ続けてもらいたいのではなかろうか。

海外に目を向ければ、世界企業への道は、キリンにも、サントリーにも、そして、もちろんアサヒなどにも開かれている。いや、言葉を変えよう。規模や業種を超えて、海外に目を向ける以外に、もはや世界企業への道はどこにも開かれていないのである。少子高齢化による国内市場縮小の影響が大きい食品業界ではなおさらのことである。

いまのところ、サントリーといえども、連結売上高の海外比率は、２０１２年12月期で20・７％、２０１３年12月期で25・２％なのである。ちなみに、キリンの連結売上高の海外比率は、同じ会計年度で30・４％と35・０％であった。両社間には、海外比率に約10％の開きがあるが、いずれにしても、両社ともに世界企業への道を大きく踏み出してきているところなのである。

その意味で、サントリーの持株会社体制への移行は、傘下の現業事業を統括しながら、サントリーの今後の成長のために事業の統廃合のしやすい体制を準備したということになるであろう。

ところで、サントリーの統括本部たる持株会社の株主構成は、上位10位以内に、寿不動産（89・32％）、サントリー従業員持株会（4・57％）、自己株式（０・71％）、サントリー生命科学財団（０・52％）、佐治信忠（０・09％）、鳥井信吾（０・07％）と創業一族と関係企業・団体の6株主が存在し、この6株主だけで全株式の95・28％を所有している（２０１２年12月期）。

サントリーの筆頭株主である寿不動産も、創業一族の非上場会社であり持株会社なのである。その立ち位置と役割は、財閥時代のかつての三井合名、三菱合資を彷彿とさせるものがある。いや、それ以上であろう。なにしろ、非上場の持株会社が二重に組み立てられているからである。いうなれば、三井物産、三菱商事を非上場の持株会社にしたほどの組み立てなのである。サントリーは、第3章で述べた小さな本社と大きな本社をこの巨大グループの中心にうまく同居させているのである。しかも、事業持株会社が純粋持株会社の上に位置していることも興味深い。

この持株会社の二重構造は、同族会社が成長し、これから世界企業へと飛躍するための組織再編プロセスにおける一種の経過的な状態だと思われるが、かつて非上場御三家といわれたサントリー、竹中工務店、出光興産の中から、2006年に出光興産が株式上場に踏み切ってから7年後、サントリーの場合は、上部構造は非上場のままで、事業部門の中で最大の売上げ規模をもつ子会社を2013年に上場したのである。

サントリーは、持株会社制への移行にともない、現業事業を営む子会社を次の7つのグループに分けている。

サントリー食品インターナショナル、他

サントリー酒類[13]、他
サントリー（中国）ホールディングス、他
サントリーワインインターナショナル、他
サントリーウエルネス、他
外食・加食・スポーツ・花・サービス、ハーゲンダッツジャパン、他
機能会社、サントリーグローバルイノベーションセンター、他

サントリーといえば、ワイン、ウイスキー、ビールの歴史が長いのであるが、最近では、烏龍茶、天然水、ＢＯＳＳ、なっちゃん、伊右衛門などのヒット商品の多いサントリー食品インターナショナル（以下、サントリー食品と略称）の売上高が、サントリー全体の売上高の半分強を占めるまでになっている。

このサントリー食品を、２０１３年7月に東証第一部に上場したのである。非上場会社のサントリーが、子会社を上場したのはこれが最初ではない。すでに、２００６年、多店舗展開をする外食産業の子会社ダイナックを東証第二部に上場している。しかし、サントリー食品は、いまやサントリーグループ最大の事業会社である。そして、上場してもな

図表6−1　サントリー全体に占めるサントリー食品インターナショナルの構成比重

2012年12月期の連結資料より

（単位：百万円と百分比）

	サントリーホールディングス		サントリー食品インターナショナル	
売上高	1,851,567	100	992,160	55
経常利益	103,061	100	54,033	52
当期純利益	36,631	100	23,385	64
総資産	1,727,963	100	844,450	49
純資産	533,697	100	204,275	38
従業員数（人）	28,767	100	14,916	52

お、サントリー食品の筆頭大株主はサントリーのままであり、その所有持分は59・48％を保っている。

サントリー全体とサントリー食品の業績と規模の比重を概観したのが図表6−1である。サントリー食品の上場前の段階で、すでに全体の半分強を支えている。とくに当期純利益の比重が64％と高いのは、飲料・食品分野の事業が、サントリーの現在そして将来の重要な収益源であることを物語っている。

また、サントリー食品の上場前の総資産対純資産比率は38％であったが、公募増資をともなう上場によって、資本金は300億円からいっきに5倍以上の1683億8400万円に、資本剰余金は543億9500万円からいっきに

4倍近くの1927億100万円に飛躍したため、サントリー食品の純資産額は、2013年12月期には、5929億6800万円へといっきに3倍になっている。他の条件を不変とすれば、単純計算で、サントリー食品の総資産対純資産比率は53％まで上昇したことになる。

サントリー食品は、上場によって時価総額1兆円規模となり、今回の公募・売り出しで調達した資金は、海外でのM&Aを中心とする成長資金に充てるという。

酒類・飲料業界における買収の嵐

近年における食品・飲料・酒類業界のM&Aの数と規模は際立っている。ネスレがその代表的な事例であるが、サントリーのグローバル化戦略に火をつけたのは、おそらくビール業界の先駆的かつ代表的な事例であるアンハイザー・ブッシュ・インベブの成立と拡大であろう。なにしろ、アンハイザー・ブッシュ・インベブは、ヨーロッパ最大のビール・メーカーとブラジル、アメリカ、メキシコのそれぞれの国で最大のビール・メーカーとの21世紀に入ってからの連続的なM&Aを経て、いまや世界最大手の酒類メーカーになっているからである。

まず1987年に、ベルギーの大手ビール会社アルトワとピードボーウフ醸造所が合併してインターブリューとなった。そして、2004年に、ブラジル首位のビール会社アンベブを買収しインベブになった。さらに、2008年に「バドワイザー」を有するアメリカのアンハイザー・ブッシュに対する巨額の買収を実施し、世界のビール市場の4分の1を握る圧倒的なナンバーワンのビール会社アンハイザー・ブッシュ・インベブが成立したのである。しかし、その拡大意欲は衰えを知らないかのようである。2012年には、メキシコで6割強のビールのシェアを握り「コロナ」のブランドをもつグルポ・モデロを買収し、2014年には、韓国のオリエンタル・ブリュワリーを買い戻し、チェコのピボバル・サムソンを買収した。また、その間に、地ビールなどの小型の買収も世界中で数多く展開している。

ほぼ同時期に、日本のビール業界もM&Aの争奪戦に突入している。まず1998年にキリンビールがオーストラリアのライオンネイサンに出資、2002年にフィリピンのサンミゲルに出資、2007年純粋持株会社導入後にオーストラリア最大手の乳製品・果汁飲料会社ナショナルフーズを買収、2008年8月オーストラリア乳業2位のデアリーファーマーズを買収した。2009年2月には、フィリピンのサンミゲル・ビールに追加出資したのち、4月にはライオンネイサンを完全買収する。そして、2010年にキリンがマレーシア、シンガポールで第1位の飲料事業を有するフレーザー&ニーブに出資し、2011年にはブラジルのスキンカリオールを買収した。国内では、キリンは、メルシャンを2006年に傘下に収め、2010年には完全子会社にしている。

一方、2009年1月、アサヒが中国の青島ビールに出資し、同年3月オーストラリアのキャドバリー・シュウェップスを買収した。そして、アサヒは、2011年7月に純粋持株会社制を導入後の同年内に、ニュージーランドの酒類会社フレイバード・ベバリッジズ・グループ・ホールディングス、ニュージーランドの濃縮果汁会社チャーリーズ・グループ、オーストラリアのP&Nビバレッジズの水・果汁飲料事業、マレーシアの清涼飲料会社ペルマニスと立て続けに買収した。2012年には国内のカルピスを買収した上で、2013年にタイの飲料・日用品大手のオソサファと合弁でカルピスの製造販売をスタートした。さらに、2014年6月、アサヒはマレーシアの大手乳業メーカー、エチカデイリーズを買収した。

他方で、すでにペプシコのボトラー、ペプコムを1980年に買収していたサントリーは、2007年にタイの飲料メーカーのティプコF&Bに出資し、2009年2月にニュージーランドの清涼飲料メーカーのフルコアを買収、同年11月には、フランスの大手清涼飲料メーカーのオランジーナ・シュウェップスを買収、同年同月にインドネシアのガルーダフードグループから飲料事業を買収、２０１３年にはイギリスのグラクソ・スミスクライン（ＧＳＫ）の飲料事業を買収した。

ＧＳＫから買収した飲料事業は、機能性飲料「ルコゼード」と果汁飲料「ライビーナ」の２つのブランドをもつ事業で、オランジーナと同様に、ヨーロッパだけではなく、アジア、アフリカを含む世界各地で販売を展開することになるという。

ビーム社買収で蒸留酒世界第３位へ

サントリーは、２０１４年１月13日、アメリカ大手蒸留酒メーカーのビーム社買収を発表した。買収額は、現金１６０億ドルであった。日本円にすれば、およそ1兆7千億円ということになる。これは、サントリー全体の２０１３年度連結売上高２兆円に迫る額である。

サントリー側がビーム社に買収の意思を伝えたのは２０１３年11月上旬で、１株あたり78ドルの現金買い取り額を提示したとされる。11月中旬、ビーム社の取締役会がサントトリーの初期提案を否決したのを受けて、12月上旬サントリーは1株82ドルに増額したにもかかわらず、この再提案も否決された。12月19日、サントリーは最終提案として1株83・5ドルに増額した。明けて2014年1月12日、ビーム社取締役会は全会一致で買収提案を可決し、3月5日、連邦取引委員会がこの買収提案を認可したことが公告された。3月25日、ビーム社の株主総会もこれを承認した[14]。

1つの新しい蒸留酒ブランドを自前で育んでいくのに最低30年はかかるといわれた時代からすれば、いっきに数多くの蒸留酒ブランドを擁するアメリカ一の、そして世界第4位の蒸留酒メーカーを取得するのは、その時間×ブランド数を買うという解釈も成り立つ。この解釈からすれば、160億ドルという買収額に得心する人も増えるのかもしれない。いずれにしても、この買収によってサントリーは、世界第10位の蒸留酒メーカーから世界第3位の蒸留酒メーカーに躍り出ることになった[15]。

1795年創業のビーム社は、ジム・ビームなどのバーボンウイスキーを軸にした蒸留酒で成長してきたが、1968年に持株会社アメリカン・ブランド社に買収された。アメリカン・ブランド社は、1997年にフォーチュン・ブランド社に社名を変更して、2005年には20を超える蒸留酒ブランドを有する世界第4位のプレミアム・スピリッツ企業となった。２０１０年、親会社のフォーチューン・ブランド社が事業分野の再編をはかることを表明し、２０１１年、ビーム社を単一企業としてニューヨーク証券取引所に上場させている。

フォーチューン・ブランド社は、ゴルフ用品、家屋内装関係全般なども扱う業務範囲の広い企業であったため、外部の投資家から見た企業価値の判断が困難な企業になっていた。２０１１年10月4日のプレミアム・スピリッツ企業としての単独上場は、結果的に、サントリーへの企業売却のための伏線になったことは間違いない。

しかも、ビーム社には、単なるバーボン・メーカーを超えた魅力が満載なのである。ビーム社による近年の経営戦略がどのように展開されてきたかを見れば[16]、それらが、事後的には、ことごとく自社を高く売るための魅力づくりになったことがわかる。

まず、第1に、ビーム社の擁するブランドの数の多さである。我が国では、ビーム社といえばバーボンの会社というイメージが強いのであるが、ビーム社のプレミアム・スピリッツ企業としての「パワー・ブランド」グループには、ジム・ビームやメーカーズ・マークなどのバーボンだけではなく、サウザ（テキーラ）、カナディアン・クラブ（ウイスキー）、クルヴォアジェ（コニャック）、ティーチャーズ（スコッチ）、ピナックル

（ウォッカ）の7つの銘柄があり、ビーム社のグローバルマーケットにおける主力ブランドとして売上げの約6割を占めている。

さらに、成長株で重点投資の対象となっている「ライジング・スターズ」グループには、ラフロイグ（スコッチ）、ノブクリーク（バーボン）、ベーシルヘイデン（バーボン）、キルベガン（アイリッシュ・ウィスキー）、クルーザン（ラム）、ホルニートス（テキーラ）、スキニーガール（カクテル）、サワーズ（リキュール）の8銘柄があり、ビーム社売上げの約15％を占めている。

その他、ローカルマーケットにおけるパワー・ブランドとしての「ローカル・ジュエルズ」グループもあって、重点投資の対象にはなっていないが、ビーム社売上げの約25％を占めていて、このグループを構成するのはエッフェン（ウォッカ）、ラリオス（ジン）、デキュイパー（リキュール）など多岐にわたった総勢48の銘柄なのである。

このように、スピリッツ類に特化しているにもかかわらず、全部で63のブランドをもち、同一ブランド内のバリエーションを加えれば、74種類もの銘柄を擁していて、なおかつ、それぞれが個性豊かなので、まさしく洋酒天国の様相を呈している。

しかも、こうした有名ブランドの多く（ビーム社の売れ行きトップ16ブランドのうち12

ブランド）は、上場に先立つ過去10年以内の期間に買収によって手に入れたものなのである。

第2に、ビーム社は、２０１２年度の実績として、北米地区で59％、ヨーロッパ・中東・アフリカ地区で21％、アジア・太平洋・南米地区で20％を販売しており、かなりの程度までバランスの良いグローバル化をすでにはたしてきているのである。

しかも、ビーム社は、こうしたグローバル化を、近年では生産組織より以上に販売組織のほうに重点を置いて達成してきている。とくに２００８年から２００９年にかけて、全売上げの75％に責任をもつグローバルな販売組織を直接コントロール下におくように整備した。とくに、中国やメキシコにおける販売網の整備が進んだ。それ以前のビーム社は、むしろメーカーであることに徹していて、そのコントロール下にある販売組織は、売上げのわずか８％しかカバーしていなかったのである。

第３に、２０１２年度において、ビーム社の純売上高に対する売上原価率が42％弱なので、58％強の売上総利益率の厚みが底力となって、営業利益率23％、純利益率16％という高い収益力を示している。

２０１０年度から総売上高は毎年２億ドルずつ伸びて、２０１２年度には30億ドルを超すに至ったが、その間、広告宣伝費を除いた販売費及び一般管理費が4億2千万ドル前後でほとんど変化がないのに、広告宣伝費は毎年約5千万ドルずつ伸びて4億ドルへと上昇している。つまり、ビーム社は、ブランド価値形成のための投資として、広告宣伝活動に重きをおくようになったということなのである。とくに2010年から2011年にかけて、広告宣伝費の支出を30%ほど高めていたのである。

かくして、ビーム社のほとんどすべてのブランドが、毎年10%から30%近くまで確実に売上げを伸ばしている。2011年に買収取得したばかりのスキニーガールは、時代を反映して買収直後は急激に売上げを伸ばしたが、当初規定外の保存材が使用されていたことで一時売上げが落ちた。しかし、カクテルをすぐ飲めるようにして提供するスキニーガールは、なおも現在アメリカで急成長している ready-to-serve spirits を代表する商品形態であり、全米最速成長のスピリッツ・ブランドとして注目され、国際的な販売拡張が期待されているブランドなのである。

スキニーガールというブランドそのものが、現代という時代を反映していた。アメリカのTV界で活躍してきた女性（Bethenny Frankel）が、自然にやせることをテーマにした本を2009年3月と12月に2冊連続して出版し、2010年春にはエクササイズのためのＤＶＤとその解説書まで出して、２０１１年4月にスキニーガール・カクテル社をいったん設立した上で、すぐビーム社に推定1億ドルで売却したのである。ビーム社は、スキニーガールを製造する設備や技術を買ったというよりも、スキニーガールという商標権を買ったといっていい。

時代は、強い蒸留酒をソーダなどで割って飲む方向に動いていた。イギリスにおけるピムスの人気は、こうした傾向の先行例の1つであろう。サントリーとしても、すでにビーム社買収前に、そうした傾向への対応をはかっていた。ビーム社が、日本の販売契約先をアサヒからサントリーに替えたのは売却前年の２０１３年であったが、サントリーは、ハイボールの成功体験を生かし、ビーム社の主力ブランド、ジム・ビームをソーダで割る飲み方を提案して若者の需要を喚起し、２０１３年の日本での販売数量を前年比で8倍以上に拡大するのに成功していた[17]。

加えて、サントリーは、独自の風合いをもつ山崎、白州、響などの日本ウイスキーをビームの販売網を通じて世界に売っていく大きな手がかりを獲得した。また、世界最大の蒸留酒消費国といわれるインドで、ビーム・ブランドのティーチャーズの売上げが伸びている。これからがサントリーの世界企業への飛躍の正念場となる。

註

（1）日本企業によるクロスボーダーM＆Aの最近の動向については、たとえば、次の特集論文集を参照されたい。佐山展生・他「特集・クロスボーダーM＆A」『一橋ビジネスレビュー』60巻4号、2013年春季号、4－130頁。

（2）アメリカにおける醤油市場の開拓と事業展開において、半世紀以上にわたりキッコーマンと協力関係にあったスギハラは、日系以外の一般アメリカ人への販売促進にも貢献し、1957年設立の合弁パートナーにもなっていたが、キッコーマン・ブランドが全米に浸透するにしたがって、その立ち位置は変化していった。その経緯については、次の文献を参照されたい。Michel Gerlach, "Trust is Not Enough: Cooperation and Conflict in Kikkoman's American Development," *The Journal of Japanese Studies*, Vol.16, No.2, summer 1990, pp.389-425.

（3）西川潤『世界経済入門』（第3版）岩波新書、2004年、47頁。西川潤『新・世界経済入門』岩波新書、2014年、81頁。

（4）池田信太朗・日野なおみ「ユニクロ大転換・柳井正の決断」『日経ビジネス』2014年3月24日、69頁。

（5）小平龍四郎「グーグル、起業の苗床に」『日本経済新聞』2014年2月15日。

（6）Cf. Geoffrey Jones, Akiko Kanno, and Masako Egawa, *Making China Beautiful: Shiseido and the China Market*, Harvard Business School Case 805003, October 14, 2004. pp.1-28. ハーバード・ビジネス・スクール日本リサーチ・センター編『ケース・スタディ日本企業事例集』（第４章所収）ダイヤモンド社、２０１０年、１１１－１４７頁。

（7）Geoffrey Jones, *Beauty Imagined: A History of the Global Beauty Industry*, Oxford University Press, 2010, pp.315, 370-372. 江夏健一・山中祥弘監訳『ビューティビジネス』中央経済社、２０１１年、３４６、４０８－４１０頁。

（8）Ibid., pp.373-374. 前掲書、４１１－４１２頁。

（9）資生堂『有価証券報告書（２０１３年３月期）』２０１３年６月26日、10、16－18頁。

（10）山口瞳「やってみなはれⅠ」『やってみなはれ・サントリーの70年Ⅰ』１９６９年、34－35頁。

（11）開高健「やってみなはれⅡ」『やってみなはれ・サントリーの70年Ⅰ』１９６９年、１６６頁。

（12）中尚子「企業研究・サントリーホールディングス・シェア逆転の真実」『日経ビジネス』２０１４年１月13日、54－58頁。

（13）この後、２０１４年10月１日付けで、ビール事業を分割して「サントリービール」を新設し、サントリー酒類は国内の蒸留酒事業に専念し、同年５月に買収した「ビームサントリー」の傘下に置くことになった。

(14) 田嶌ななみ「サントリーHD・蒸留酒市場で世界3位へ・ビーム社巨額買収の勝算」『週刊東洋経済』2014年4月5日、83頁。

(15) ちなみに、第1位はジョニーウォーカーやスミノフなどのブランドを擁するディアジオ（2012年小売りベース売上高319億ドル）、第2位はシーバスリーガルやバランタインなどのブランドを擁するペルノ・リカール（187億ドル）で、いずれも先行して買収劇を繰り広げて巨大化した企業である。サントリー（24億ドル）は、ビーム（71億ドル）買収によって合計で第3位となるが、上位2社との開きはかなり大きい。『日本経済新聞』2014年1月14日参照。

(16) ビーム社が上場に向けて展開した戦略は、自社を高く売り込む戦略にもなった。このことを理解するには、ビーム社の2011年度の年次報告書を参照されたい。*Beam Inc. 2011 Annual Review*, pp.3-4, 13, 22.

(17) 中尚子「サントリー、ビーム買収の深謀と課題」『日経ビジネス』2014年1月20日、16頁。

第7章　買収額に占める「のれん」価値の大きさ

ビーム社買収額の98％が「のれん」代

サントリーによるビーム社買収は、サントリーの企業価値をどれほど高めたのであろうか。また、その企業価値の成分はどのようなものによって構成されているのだろうか。

買収後に、ビームサントリー社と社名変更されたが、本書執筆時点で利用できる買収される前のビーム社の最新の年次報告書[1]を参照することによって、サントリーが買収することになったビーム社の企業価値を評定することにしよう。

ビーム社の貸借対照表を概括した資産と資本の構成は、図表7-1のとおりである。

まずビーム社の有形資産であるが、その内訳として、現有生産力を代表する蒸留設備などの有形固定資産は8億1600万ドルであって、総資産に占める比重は小さく、ビーム社の資産価値総額の1割にも達していない。巨額の無形資産の陰に隠れたかに見える有形

図表7－1　ビーム社の簡約貸借対照表（2013年12月31日現在）

単位：百万ドル

借　　方		貸　　方	
有形資産	3,803	総負債	3,511
有形固定資産	816		
無形資産	4,782	純資産	5,074
のれん	2,558		
その他無形資産	2,224		
総資産	8,585	総資本	8,585

固定資産なのではあるが、ビーム社は、アメリカ（とくにケンタッキーに13拠点）、スペイン、フランス、カナダ、メキシコ、インドなど全世界に51カ所の蒸留・貯蔵施設を所有しているだけではなく、加えて21カ所の蒸留・貯蔵施設をリースで活用している。中でもインドは、ビーム社の所有施設は1カ所だけだが、リース利用施設は13カ所もあり、配給拠点もインド国内だけで7カ所もリースで確保している。

一方、ビーム社は、サントリーに売却する前に現在保有するブランドの多くを買収によって取り込んできていたため、「のれん」その他の無形資産を積み増してきていた。「のれん」その他の無形資産は、合計47億8200万ドルに上り、運用総資産の半分以上（55・7％）が「のれん」その他の無形資産なのである。その一方で、運用総資産から総負債を差し引いた残部である純資産は、合計50億7400

万ドルに上り、調達総資本の6割弱（59・1％）が純資産なので、株主の実質持分のほぼすべてが「のれん」その他の無形資産ということになる。

ここでは、「のれん」とその他の無形資産とをことさらに区別しない。勘定科目としては、「のれん∧無形資産」なのであるが、ここでは、企業価値の構成要素として有形資産と無形資産とを大別することの意義を重視したいので、「のれん＝無形資産」と一本化して論じたいと思う。このような視座は、ヴェブレンの視座に近接する。「のれん」について、ヴェブレンは次のように述べている。

「のれん」というのは、ある程度、拡張解釈ができる言葉であって、・・・きわめて種々の性質をもったいろいろな項目を、「のれん」という題目のもとにふくませることができる。しかし、それにふくめられる項目は、それらのものが「物質的でない富」「無形資産」であるという点で、多くの共通点がある。・・・いっそう広い意味に解された「のれん」は、確立された慣習的業務関係、正直な取引の評判、営業権や特権、商標、銘柄、特許権、版権、法律や秘密によって守られている特殊工程の排他的な使用、特定の原料資源の排他的な支配といったようなものをふくんでいる。(2)

「のれん」は、たとえ独占企業として分類されない企業であっても、うまくいっている企業であれば、名声・評判・信頼などにもとづくある種の独占の性質をその内にはらんでいるものなので、多かれ少なかれ「のれん」を有しているはずなのであるが、それが貸借対照表上に表記されるのは、買入れ「のれん」が発生した時に限られている。ただし、アメリカでは、計上された「のれん」を定期的に償却しないので、企業買収を重ねるにつれて、「のれん」価値が実質的に消滅しないかぎり、計上のれん額は膨らんでいくことになる。

清算時に有形資産に対する一次的な請求権を有するのは総負債を代表する貸付資本家なのであり、純資産を代表する持分資本家には二次的な請求権者として、残余財産の分配を受ける権利だけが与えられる。しかも、清算時における二次的な残余財産としての無形資産の多くは自然消滅する運命にある。それでは、「のれん」その他の無形資産の所有者である持分資本家には、貸付資本家を超えるほどのメリットはないのであろうか。たしかに、持分資本家は企業清算時にはそのようなことにならざるをえない立場にある。

ただし、サントリーは、ビーム社を清算するために買収したわけではない。ビーム社が培い育んできたブランド力をサントリーみずからのものとして、さらに成長するために買収したのである。これまでブランド力を高めてきた企業ほど、その「のれん」価値は高くなるし、これからブランド力がいっそう高まると市場が判断すれば、さらに「のれん」価値もますます高まっていく。

つまり、有形資産は企業の成長・衰退による価値変動を無形資産ほどには受けないのであるが、無形資産は、本来、企業の成長・衰退によって大きくその価値を変えやすいものなのである。したがって、企業の買収（売却）時における企業価値評価において注目されるのは無形資産価値の評価なのであり、上場企業であれば、日々の株価の変化そのものが主として無形資産価値評価の結果なのである。

企業が継続事業体（going concern）として利益を上げているときには、市場資本化された企業価値評価額としての時価総額に占める「のれん」の価値は膨張しやすいものである。上述のような有形資産と貸付資本家、無形資産と持分資本家といった対応関係を前提にすれば、近代株式会社というのは、その無形資産価値をみずから形成するか、他者によって形成された無形資産を取得する持分資本家によって支配・運営されるものなのである。別言すれば、近代株式会社とは、貸付資本家によって実質的に所有された有形資産をさしあたり自在に運用する権限を、無形資産価値の所有者たる持分資本家に与えた企業形態なのである。

端的に言えば、有形資産価値が現有生産力の資本化額を表現するのに対して、無形資産価値は将来収益力の資本化額を表現しているということが重要なのである。つまり、現有生産力の資本化額は、決算の都度、すべて貸借対照表に計上されるのであるが、将来収益力の資本化額は、本来、株式市場において評価されるものであって、上場企業であれば、日々の株価の動きに応じて伸縮する時価総額が当該企業の貸借対照表上の企業価値を上回った大きさを、潜在的な「のれん」の大きさとして推定することができるのである。

つまり、「のれん」の大きさは、上場企業であれば、時価総額が純資産額を上回った大きさとして意識されるのであるが、そのような「のれん」の存在が認められたとしても、これが常にすべて貸借対照表に計上されているわけではないということである。

それが貸借対照表に計上されるのは、買入れ「のれん」が発生した場合、すなわち、買収対価が被買収企業の貸借対照表上の企業価値を上回った場合に限られているということは、企業買収時に計上される「のれん」価値は、買収前の株式市場において認識された「のれん」価値を上回りやすいということを意味している。なぜなら、通常の場合、買収価額には株式時価を上回る買収プレミアム（＝買収価額マイナス時価総額）が加えられることになるからである。つまり、買収時に計上される「のれん」価値（＝買収価額マイナス純資産）＞株式市場で評価される「のれん」価値（＝時価総額マイナス純資産）となりやすいということであり、「のれん」計上の機会はきわめて限定的なのであるが、計上される「のれん」の大きさは、市場において意識される「のれん」の大きさを凌駕しやすいということなのである。

ただし、繰り返して強調することになるが、持分資本家の貸付資本家に対する企業運営における優位性は、持分資本家がその企業の無形資産価値を形成するか、他者によって形成された無形資産価値を取得できる能力をもち、なおかつ、その無形資産が生きている限りにおいてのことなのである。

さて、サントリーによるビーム社の買収価額は、１６０億ドルであった。とすれば、この買収によってビーム社の無形資産価値は、さらに１０９億２６００万ドル分膨れ上がったことになって、買収価額１６０億ドルのうち１５７億８００万ドルが無形資産価値相当額ということになる。買収価額の98・２％が無形資産価値に対する支払額となったのである。

ちなみに、この買収価額を1株当たりで表現すれば、額面３・１２５ドル、買収合意成

図表7－2　サントリーの簡約貸借対照表（ビーム社買収の前と後）

単位：百万円

借方			貸方		
	a	b		a	b
有形資産	1,723,657	1,924,607	総負債	1,317,344	3,148,899
有形固定資産	527,269	613,372	純資産	1,056,726	1,035,996
無形資産	650,413	2,260,288			
のれん	409,293	1,002,371			
その他無形資産	241,120	1,257,917			
総資産	2,374,070	4,184,895	総資本	2,374,070	4,184,895

a：2013年12月31日現在　b：2014年6月30日現在

立直前の2014年1月10日の終値66ドル97セントのビーム社の株式を、25%のプレミアムをつけて、83ドル50セントで買収したことになる。過去3カ月の加重平均株価からも24%のプレミアムがついたことになる。[3]

かくして、サントリーは図表7－2に見られるように、主としてビーム社を買収することによって、有形固定資産は860億円（16%）増加させたが、総負債は1兆8千億円以上（約2・4倍に）膨らみ、無形資産は1兆6千億円以上（約3・5倍に）膨らんで、総資産の54%が無形資産ということになったのである。

ソフトバンク総資産の半分近くが無形資産

生産設備のような有形資産価値は、時間の経過とともに摩耗・劣化するので、一定の耐用年数にわたって減価償却された上で取り替え更新されるのであるが、アメリカの会計基準および国際会計基準では、ひとたび計上された「のれん」価値は、それが実質的に減損しない限り、これを償却する必要がないのである。

これとは対照的に、我が国の会計基準では、計上された「のれん」は20年以内で均等に償却することになっている。これでは、実質的なキャッシュフローに差がないとしても、利益額ひいては課税額に格差が生じる。我が国の会計基準が「のれん」非償却への舵を切る可能性は高まってきている。[4]

一方で、国際会計基準をつくる国際会計基準審議会では、「のれん」の会計処理を定期償却する方向で見直す可能性も出てきている。[5]

現時点では、「のれん」の会計処理に関して、日本企業の中でも対応が分かれている。たとえば、非上場ながら２００９年の純粋持株会社移行後、有価証券報告書を公開してきたサントリーは、従来、定額法による償却を表明していたが、２０１３年から２０１４年にかけて、子会社のサントリー食品インターナショナルを上場し、ビーム社を買収したことで、今後の対応が注目されるところである。

あるいは、１９７０年以降、ニューヨーク証券取引所に上場しているソニーは、アメリカの会計基準に準拠しているので、営業権（＝のれん）もしくは耐用年数が確定できない無形固定資産は償却をせず、年1回第4四半期において、減損の可能性を示す事象または状況の変化が生じた場合に限り、その時点で減損の判定を行うことになっていて、1989年に買収した旧コロンビア映画部門の不振のため、1995年3月期に映画部門の営業権を一括償却して、巨額の連結純損失を計上したことがある。

ソフトバンクの場合は、我が国でも国際会計基準（IFRS）による連結財務諸表の作成が認められるようになったこと[6]を受けて、2013年6月末の第1四半期以降IFRSに準拠した要約連結財務諸表を開示している。

ソフトバンクは、2013年3月末から2014年3月末にかけての1年間で、スプリントなどの子会社化によって、その総資産規模が7兆2千億円強から16兆7千億円弱へと2倍以上に増大した。この増大した9兆5千億円弱のうち6兆2563億5100万円が「のれん」その他の無形資産だったのである。

この「のれん」その他の無形資産のうち、計上された最大の勘定科目が、3兆7095億2600万円の「FCCライセンス」であった。「FCCライセンス」は、今回新たに設定された勘定科目で、アメリカ連邦通信委員会（FCC）が付与する特定の周波数を利用するためのライセンスであり、会計上は非償却資産となる。「のれん」その他の無形資

図表7－3　ソフトバンクの連結財政状態計算書

2014年3月末時点（単位：百万円）

流動資産	4,342,660	流動負債	3,733,778
固定資産	12,342,337	有利子負債	1,147,899
有形固定資産	3,586,327	その他	2,585,879
のれん	1,532,305	固定負債	10,092,549
その他無形資産	6,177,701	有利子負債	8,022,154
FCCライセンス	3,709,526	その他	2,070,395
その他	1,046,004	資本	2,858,670
資産合計	16,684,997	負債及び資本合計	16,684,997

産として「FCCライセンス」の比重が高くなったのは、ソフトバンクによるスプリント買収の直前に、スプリントがアメリカの高速無線通信会社のクリアワイヤを完全子会社化していたことが大きかったと思われる。

また、固有の「のれん」増大分の内訳は次のとおりであった。

スプリントの「のれん」　2752億1000万円
ガンホーの「のれん」　1460億3200万円
ウィルコムの「のれん」　191億4300万円
スーパーセルの「のれん」　988億3000万円
ブライトスターの「のれん」　598億5700万円

かくして、ソフトバンク総資産の半分近くは無形資産になったのである。

このように、日本企業においても、M&Aを経るにつれて、「のれん」その他の無形資産が増大し、しかも日本企業ながら、日本の会計基準だけに縛られない企業もでてきている。さらに、これまでの日本基準自体を欧米基準に引き寄せて見直そうという機運も高まってきている。「のれん」を償却する伝統的な日本基準のままでは、利益水準が欧米に比べて低く抑えられることによる我が国証券市場の国際的な吸引力の低下、さらには法人課税対象額の水準の低下にたいする懸念などを払拭するためにも、「のれん」を償却しない伝統的な欧米の基準にあわせて、共通の土俵づくりをしようというわけである。

買収額＞時価総額＞純資産

企業価値は、決算期には純資産額でもって表現され、株式市場では時価総額でもって表現される。そして、M&A時には買収価額によって決済される。買収価額と時価総額の差額が買収プレミアムであり、時価総額と純資産額の差額が株式市場で認識される「のれん」である。そして、買収完了後の決算において、買収価額と被買収企業の純資産の差額が買入れ「のれん」（＝営業権）およびその他の無形資産として計上されるのである。

「のれん」こそは、株式市場で日々認識される企業価値の主要な構成要素なのであり、M&Aなどの企業再編のたびに新たに増大しやすい企業価値の主要な構成要素なのである。特定企業の「のれん」価値の大きさは、当該企業の株式市場を介して、個々の売買当事者たちが企業価値評定者として当該企業の将来の超過収益力をどのように認識しているのかを総体的に反映しているはずのものなのである。

将来の超過収益力は、現在の収益力を将来どのくらい超過すると予想されているかにもとづいている。たとえば、現在、年間1千万円の配当可能利益を稼ぐ企業の資本が1億円だとして、その現有資本を維持したままで新しい発明やヒット商品の開発などによって、将来、年間2千万円の配当可能利益を稼ぐに違いないと判断した投資家にとって、この企業の資本価値は最大2億円まで増大しても受容される可能性があるということなのである。あるいは、平均利子率5%の世界にいる無機能資本家としての一般株主にとって、年間2千万円の配当可能利益を稼ぐ企業の資本価値は、最大4億円まで増大してもなお受容される可能性があるということなのである。

しかし、まず将来の収益力を予測し、それをもとにして企業価値をはじき出すという計算手順は、あくまでも事後的にそのように表現できるということであって、現実には、せいぜい現在の株価の変化から逆算して、将来の超過収益力がどのように評価されていたかを推定するのが一般的なのである。

つまり、理論的には、企業の将来収益力が株価に反映されるはずのものでありながら、現実には、株価から逆算して企業の将来収益力を推定せざるをえないことが多いのである。現実の株価の動きから逆算して導き出された企業の将来収益力の大きさには、少なくとも投資家たちの期待は反映されているであろうが、企業の本当の将来収益力が反映されているかどうかは誰にもわからないのである。将来に対する期待値は、いつも現実の株価の動きによって修正されていくほかはないのである。

企業の特定時点における将来収益力の評価額は、その時点において成立した株価から事後的に逆算するほかはないのであるから、事前的な個人の将来評価と事後的な総体としての評価は時には重なったり懸け離れたりする。そして、重なれば正しく、懸け離れれば正しくないというわけではないにもかかわらず、重なれば有利な行動がとりやすく、懸け離れれば不利な行動しかとれないだろうということだけは間違いない。

拠り所のなさ・ケインズの株式市場観

ジョン・メイナード・ケインズ（1883－1946年）は、1921年から1946年にかけて、いわば文字どおり後半生の円熟期をとおして、ケンブリッジ大学キングス・カレッジの基金運用を担ったのであるが、その間の彼のポートフォリオ運用実績はすばらしく、1921年におけるカレッジ所有の28万5千ポンドの証券が8％のキャッシュフローをえたことに始まり、1946年には122万2千ポンドに増大したカレッジ所有の証券が68％のキャッシュフローを生んだという。[7] 彼の株式市場における経験が彼の経済理論形成に影響を与えたことは、彼の『一般理論』（1936年）第12章に明らかである。ただし、株式市場に蔓延しやすい惰性（convention）とその確たる内実的な拠り所のなさ（precariousness）について、ケインズは次のように指摘している。

多数の無知の個々人の群集心理の産物としてつくり上げられる惰性的な評価は、予想収益に実際には大した差異をもたらさない諸要因にもとづいて意見に急激な動揺の起る結果として、激甚な変動をこうむりがちである。それはかかる惰性的評価を固執すべき確たる強い根拠がないからである。[8]

かくして、

普通の素人投資家よりもすぐれた判断と知識とをもつ専門的な玄人筋・・・〔あるいは〕・・・職業的投資家および投機業者・・・の大多数の関心は、事実上、大部分、投資物からその全存続期間にわたって得られるべき蓋然的な収益に関してすぐれた長期予測をすることではなく、一般大衆にわずか先んじて評価の惰性的な基礎の変化を予見することにある・・・。彼らの関心は、一投資物がそれを「蔵っておくために」買う人にとって真にいかなる価値をもつかということにあるのではなく、3ヵ月後とか1年後とかに、市場が、群集心理の影響のもとに、それをいかに評価するであろうかということに存しているのである。(9)

上場企業の株式のように、大なる市場性をもった企業の株式は、「職業的企業者の真実の期待によるよりはむしろ、株式取引所で取引する人たちの株式価格に現われる平均的な期待によって支配される(10)」にしても、そうした企業の株式相場は、ひるがえって、企業自身の投資活動に大いなる影響を及ぼしうるのである。

ケインズの表現[11]によれば、「1会社の株式がきわめて高く評価されるために会社がより多くの株式を有利な条件で発行することによってより多くの資本を調達できる場合には、低い利子率で借入れをすることができる場合と同じ結果をもつ」ということであり、「現存持分に対する高い相場はそれに対応する型の資本の限界効率の上昇を意味し、したがって利子率の低下とおなじ効果をもつ」ということなのである。

ここで資本の限界効率とは、「1資本資産の予想収益とその供給価格または置換費用との関係、いいかえれば、当該類型の資本の新しく加えられる1単位の予想収益とその単位を生産するに要する費用との間の関係」を示すものであり、「いっそう正確には、・・・その資本資産からその存続期間を通じて得られるであろうと期待される収益によって与えられる年金の系列の現在値をその供給価格にちょうど等しくさせる割引率に相当するもの」なのである。[12] 資本の限界効率は、まさしく「トービンのq」の先駆的な概念そのものなのである。

なお、M&Aについて多くを語らなかったケインズでさえ、「現存の同種企業を買取ることができるよりも大なる費用をもって新企業を起すことは無意味である[13]」と指摘している。

ただし、そこでは、企業が別の企業を上場株式時価で買取ることができると想定されていて、「買収額＞時価総額」となりやすい側面、すなわち買収プレミアムの存在が想定されていないのである。むしろ、今われわれが問題にすべきは、「現存の同種企業を買取ることができるのであれば、たとえ大なる費用がかかるとしても、販路やブランドの構築に時間のかかる新企業を起すことは無意味である」と言い換えざるをえない現象が生じてきているということである。

M＆Aは必ずしも総供給の増大に結びつかない

ケインズは、企業が企業を買収することにミクロ的な合理性がありうることを否定しなかったのであるが、マクロ的な雇用水準の伸びを左右する投資としてM＆Aを想定することはなかった。彼が投資として想定したのは、それが企業による民間投資であれ政府による公共投資であれ、新規の生産設備や公益施設などの有形資産への投資なのであった。既存企業間の所有権の移転だけにとどまりうるようなM＆A投資は、マクロ的な総供給の純増にただちに結びつかない場合があるからである。

ブリヂストンによるファイアストンの買収は、ブリヂストン・ブランドの製造拠点と販路を確保し、ブリヂストン・ブランドを長い年月をかけてアメリカに浸透させることに成功したのであるから、長期的に見れば総需要と総供給の純増に寄与したことになるが、この買収そのものは、ファイアストン所有の生産設備と販路がブリヂストン所有に転移した時点においては、新たな生産設備の追加や雇用者数の拡大をともなうものではなかった。

また、サントリーによるビームの買収によって、従来のビームの蒸留設備はサントリーの所有になったが、そうした蒸留設備を使って生産されているのはこれまでとなんら変わらないビーム・ブランドなのであって、旧ビームの実質的な生産体制はそのまま継続されているわけで、新規の生産設備が追加されたわけではない。ただし、サントリーは、ビームによって構築された販路を利用して、サントリー・ブランドの海外での売上増が見込めるし、日本国内でのビーム・ブランドの売上増も期待されている。

M&Aそれ自体が新規の生産設備の増大をともなわないということは、いわば自明の論理である。むしろ、競争経済下においてこれまで実施されてきた合併の多くが、過剰供給を解消するための整理統合であったことをわれわれは看過することができない。合併時に1+1=2であった工場数や支店数や従業員数が、その後2・5になるよりも、むしろ

1・5になってきた例を、われわれはあまりにも数多く見てきたからである。たとえば、2011年のパナソニックによる三洋電機の買収によって、旧三洋電機で働いていた人の約9割が人員整理されたことなどを思い起こしていただきたい。

ケインズにしても長期的な資源の最適再配分に期待するところはあったとしても、もっと短期的で直接的な因果連鎖を重視するケインズにとって、企業の投資誘因は、企業の「新規設備投資」誘因なのであった。ケインズは、資本の限界効率の変化が企業の新規設備投資にいかなる影響を与えるかを定式化しようとしたのである。

トービンのq・新規設備投資か既存設備買収か

資本の限界効率が上がるか、利子率が下がれば、企業の投資誘因は強まる。逆もまた真なりで、資本の限界効率が下がるか、利子率が上がれば、企業の投資誘因は弱まる。この因果関係に注目したジェームズ・トービン（1918-2002年）が、その論文『マネタリー理論に対する一般均衡アプローチ』（1969年）において、「投資率、つまり投資家が資本ストックを増加したいと望む速度は、資本価値の大きさをその再取得費用の大きさとの相対比でとらえた比率、いうなればqに相関されねばならない[14]」と述べて以降、このような投資活動の指標は「トービンのq」として一般に定着した。

トービンのq＝株式市場価値÷再取得費用

qが1より小さければ、市場価値は再取得費用よりも小さいことを示すので、既存資本の取得を選んだ方がよい。投資家が資金を既存資本の取得に振り向ければ、新たな資本への投資は小さくなる。qが1より大きい場合は、逆の結果がもたらされる。トービンにとって、qは、もともと新規設備投資が促進されるか抑制されるかの指針を与える比率であったが、その解釈としては、qが1より小さければM＆Aが増えて、qが1より大きければ新規設備投資が増えると予測されるようになったのである。

無借金経営のハンバーガー・チェーンがあって、利益のすべてが配当にまわされているとしよう。新しいハンバーガー店を建設するのに1千万円かかるが、年間200万円、20％の利益を稼ぐ実力があるとする。国債の利回りが5％で、それよりもリスキーなハンバーガー店の平均利回りが世間で10％と想定されていれば、200万円の利益を10％の平均利回りで割り引くことによって、このハンバーガー店の市場価値は2千万円となろう。

このハンバーガー店の市場価値は建設コストの2倍なので、q＝2ということになる。

投資家も新規開設出店を歓迎するにちがいない。経営者にとっては、2千万円の増資によって1千万円の追加事業が可能となるため、その差額1千万円を創業者利得として収得することができるからである。

しかし、もし経営者が実力を発揮できず、年間80万円の利益しかあげられないのであれば、投資家にとって、このハンバーガー店の市場価値は800万円で、q＝0・8ということになり、ハンバーガー店の新規建設は投資家に損失を与えることになる。そこで、既存のハンバーガー店を800万円で買収できるのであれば、新規建設をするよりも、この買収案件のほうが投資家に歓迎されることになるだろう。

たしかに、新規ハンバーガー店の建設費用よりも既存ハンバーガー店の買収価格のほうが安ければ、買収を選択するほうが合理的に見える。ただし、他の条件にして等しければの話である。立地などの理由でq＜1なのであれば、買収しないほうが合理的だということもありえる。

あるいは、現有資産の時価評価額（＝現有資産の再取得費用）よりも株式市場価値のほうが安いのであれば（すなわちq＜1であれば）、外部集団が当該企業の支配権を獲得するにたる株式を購入後、その資産を流動化することによって利益を獲得しようと試みたり、潜行して安く買い占めた株式の高値買い戻しを迫ったりすることさえありえるのである。

さて、以上のような解釈が可能だとしても、その際のqは、限界のqではなくて、平均のqであることを確認しておきたい。

q理論においては、もし企業がその資本ストックを自由に変化させることができるのであれば、企業はqの値が1に等しくなるまでその資本ストックを増やしたり減らしたりを継続することになる。

このようなq理論におけるqは、限界のq、すなわち資本の追加1単位の市場価値の大きさをその再取得費用の大きさとの相対比でとらえた比率なのであって、自社の設備投資が自社の企業価値をどれだけ増加させるかという限界的な判断はきわめて重要だとしても、そうしたqは観察可能なものではないし、したがってまた、演算可能なものでもない。

それゆえに、われわれに観察可能なqは、平均のq、すなわち既存資本の市場価値の大きさをその再取得費用の大きさとの相対比でとらえた比率なのである。投資理論からすれば、平均のqはよくてせいぜい限界のqの近似値ということになるにしても、限界のqは観察不可能なので、経験科学的なアプローチからすれば、平均のqの観察をとおして、企業の新規生産設備投資と既存生産設備買収の選択を判断せざるをえないのである。(15)

それにしても、近年、クレイグ・メドレンという研究者によって、現代のq理論では高いqの値から新規設備投資が促進され、企業買収は抑制されるという説明であるのに対して、ヴェブレン理論の解釈にもとづいて、企業は高いqの値を求めて新規設備投資を抑制し、他企業の買収をはかるという真逆の因果関係が存在しうるとの問題提起がなされたのである。[16] 論証の方法は異なるが、筆者も同じスタンスに立っている。

ヴェブレンのq・「のれん」価値の伸び縮み

ソースタイン・ヴェブレン（1857−1929年）は、その著『企業の理論』（1904年）において、株式会社、なかでも上場株式会社においては、「営利企業の合同や再編成の戦略的な仕事」をつうじて、「財産をなんどでも繰り返して再資本化する」ことによって、「その株式会社の実効資本化額が、ときどき増えたり減ったりすること」に着目した。[17]

M&Aなどの企業再編時に、再編対象企業の生産設備などの実物資本は再編前となんら違いがないにもかかわらず、企業価値評価が大きく伸び縮みするのは、そこに独占レントの大きさが加味されるからであり、この独占レントの評価額の大きさこそが「のれん」価値の大きさなのである。

ただし、企業価値評価が伸び縮みしやすいのは、株式市場における日々の評価額なのであって、M&Aなどの企業再編時における再資本化額は、株式市場における時価評価額を大きく上回ることはあっても、下回ることはまずないのである。つまり、M&Aなどの企業再編時においては、企業資本（擬制資本）と産業資本（機能資本）のギャップをとらえるのに、時価総額と純資産のギャップだけでは不十分であり、買収額と純資産のギャップ、および、その内訳としての買収額と時価総額のギャップという二重のギャップをとらえることが必要なのである。

ヴェブレンの企業理論から「ヴェブレンのq」を定式化すれば、次のようになるだろう。

ヴェブレンのq＝企業再編時の再資本化額÷再編直前の資本額

ヴェブレンのqは、大枠においてはトービンのqと同様に、企業価値÷設備価値によって表現することも可能なのであるが、資本の限界効率を表すものでもなければ、投資の限界効率を表すわけでもない。しかも、ヴェブレンのqでは、主としてM&Aなどの企業再編時における総額としての企業資本と産業資本の評価額のギャップをとらえることに主眼がおかれるので、「再取得」（replacement）の対象になる資本が、ヴェブレンのqとトービンのqとでは逆転することになるのである。

つまり、トービンのqでは、再取得の対象になる資本は分母の実物資本であったが、ヴェブレンのqでは、再取得の対象になる資本はむしろ分子の持分資本のほうなのである。企業再編時にreplacementされるのは、生産設備ではなく、所有権のほうだからである。M&Aにおける企業価値の変化は、当該企業の実物資本価値の変化ではなく、持分資本の「再取得」にもとづく価値変化にほかならない。そして、M&Aによって変化した持分資本とM&Aによって変化しなかった実物資本との「差」が、M&Aによって新たに形成された「のれん」なのである。

ところで、分母の「再編直前の資本額」について、ヴェブレンは多彩な証券金融の高まりの中で担保金融が有形資産価値を代表するのにたいし、証券金融が無形資産価値を代表することを論証することに主眼をおいていたため、分子の総証券の再資本化額と対比されるべき分母は、当時の状況下ではまずもって有形資産価値だったのである。

今日ではなおいっそう、普通社債、新株予約権付社債、普通株式、種類株式といった具合に、証券金融の多彩さはむしろ広がってきている。こうした証券金融が担保とするのは、やはり保有有形資産の大きさではなく、将来収益力の大きさなのである。したがって、総証券の再資本化額と対比されるべき分母は、依然として有形資産価値だとするのにも一理ある。

しかしながら、今日のM&Aにおいて取引される主要な証券資本は議決権のある普通株式資本なのであり、その調達力の大きさを規定するのは、依然として将来収益力をはらんだ無形資産価値の大きさであるとはいっても、その運用先は広く有形資産にも振り向けられてきたことを顧慮すれば、この普通株式資本の再資本化額と対比されるべきは、持分機能資本の実質的な内訳としての純資産ということになるのである。純資産価値こそは、市場変化にさらされた株式資本のさしあたりの実質持分だからである。

なぜ「さしあたりの」実質持分と表現したかというと、「最終的な」実質持分であれば減損すべき「のれん」価値を差し引く必要があるからである。しかし、たとえ所有権は移転しても企業がゴーイング・コンサーンとして生き続けているかぎり、「さしあたりの」実質持分は、計算を必要とする時点で、いつでも実質的な持分であり続けるのである。

さて、企業再編時の再資本化額が再編直前の資本額を上回る場合、その差額が当該再編によって新たに加わる「のれん」価値の大きさなのであるが、再編前の資本額の中にこれ以前の再編によってすでに「のれん」が積み上がっている可能性があることに注意しなければならない。

いずれにしても、企業再編によって積み上がった「のれん」その他の無形資産は、生産設備などの有形資産とともに、その企業の機能資本として文字どおり「機能」することが期待されるものであり、その実質的な機能がなくなれば減損処理されてしかるべきものなのである。

このように機能資本として機能することが期待される「のれん」価値の大きさであるが、それが日々の株式市場において評価されている際には、不特定多数の投資家たちのいわば総意の反映ということになるのであるが、これがひとたびM&Aなどの企業再編時になれば、たちまちにして特定の売り手と買い手の相対《あいたい》取引の様相が濃厚になってくる。

そのため、企業再編時の再資本化額の決定にある種の恣意性が介在しやすくなってくるのも不思議ではない。ヴェブレンは、企業再編時の再資本化額に株式市場における時価総額を超える合併プレミアムあるいは買収プレミアムが組み込まれることを十分に認識していた。

しかも、企業再編時の売り手と買い手が、株式交換方式によって決済すれば、事実上の現金決済者は株式市場における不特定多数の投資家ということになるのである。かくして、ヴェブレンの筆にかかれば、企業再編のたびに膨れ上がる「のれん」が、「大株式会社の資本化額を水ぶくれさせることに役立ったことは疑いがない。・・・このような高次の水準の営利企業ののれんは、ある種の無尽蔵な性質をもっている[18]」ということなのである。

そのような市場性を有する資本の取引から生ずる利得・・・〔にもとづく〕・・・蓄積の速度や大きさは、絶対的にみても、富の総増加額に比べて相対的にみても、ともに、この種の現象のあらゆる記録を上回っている。個人的な富の蓄積にとってそれほど効果的なものは、人類文化の歴史上、いまだかつてない[19]。

ここまでくると、ヴェブレンのqは、企業価値がどの程度変化したかを測る時系列分析にも適用できるであろう。

1つの事例として、日本の一地方都市に本拠をおく企業を取り上げたいと思う。その企業は、資本金50万円でスタートしたが、41年間社長を務めた創業者が次の経営者にバトンを渡す時に成立したMBOのためのTOB総額、すなわち当該企業の市場価値は600億円であった。その当時の純資産は200億円であったから、ヴェブレンのqは3ということになる。純資産の2倍の「のれん」価値が生まれたのである。

キューサイのMBO・がんばった創業者は報われる

福岡は、青汁産業のメッカである。「うーん、まずい。もう1杯」のキューサイ、養生青汁のヤズヤ、緑効青汁のアサヒ緑健、そして、アサヒ緑健やサントリーをはじめとする数多くの食品メーカーに青汁関連の健康食品などをOEMで提供している東洋新薬[20]などがめじろ押しである。

青汁ブームの火付け役となったキューサイ創業者の長谷川常雄は、京都生まれの京都育ちながら、1965年に福岡で菓子製造販売の事業を資本金50万円[21]でスタートし、1969年にはニチレイの冷凍食品のOEM生産を開始し、1982年にケールを原料とする青汁の製造販売を開始、1999年9月には東証二部と福岡の証券取引所に株式を上場した。

キューサイは、ニチレイのOEM生産をつうじて、冷凍卵焼きの製造日本一となっていたが、1998年に自社の物流業務をニチレイに一括委託するようになって、自社の物流コストを大幅に削減するのに成功した。ニチレイは、キューサイの冷凍青汁の物流業務を計画立案から保管・配送まですべて請負い、青汁工場からニチレイの全国各地の保冷貨物拠点に輸送・配送する仕組みを築いた。

さらに、キューサイは、2000年1月、減農薬農産物の会員制宅配サービス「らでぃっしゅぼーや」の環ネットワークの全株式(キューサイが60%、長谷川常雄キューサイ社長夫人名義で40%)を38億円で買収し子会社とした。環ネットワークは、当時、減農薬農産物宅配の最大手で、首都圏を中心に約6万世帯の会員をもち、減農薬栽培を進める全国2500軒の契約農家とのネットワークがあった。この時期、キューサイは全国1万2千の取次店をつうじて40万世帯に青汁を宅配するまでになっていたが、青汁の原料となるケール(キャベツの原種)を九州の400軒の契約農家で無農薬栽培するも、気温が上がり虫の発生しやすい九州の夏は手入れが大変であった。この買収は、双方の顧客基盤を広げ、北海道などにキューサイの栽培地を広げるのに有効であった(22)。

ちなみに、環ネットワークの1999年4月期の売上高は約171億円、キューサイの1999年2月期の売上高は約177億円であった。1990年代後半期の5年間は、キューサイにとって文字どおりのうなぎ上りの時期であって、売上は3倍、利益は10倍以上に増進した時期であった。

青汁の主力工場は、福岡県宗像市の本社工場であったが、7－9月は原料ケールの生産が落ち込み、製造ラインの稼働率が大幅に低下する。このため夏場にケールを収穫できる北海道千歳市に青汁生産の関連会社、キューサイファーム千歳を1999年12月に設立、これが2002年から本格稼働し始めたのに併せて、過剰となる宗像工場の青汁生産ラインを半減して、年間を通じて生産が平準化できるようになった[23]。

2006年2月には日本サプリメントの全株式を5億9900万円で取得して子会社に、その一方で、同年3月に子会社「らでぃっしゅぼーや」の株式450万株（発行済株式の59・3％）を約38億5600万円で売却した。6年前に全株式を買収した時よりも若干上回る金額で約6割の株式を売却できるまでに、キューサイの経営陣は「らでぃっしゅぼーや」の企業価値を高めるのに成功したのである。この「らでぃっしゅぼーや」の独立は、MBO（経営陣による自社買収）による独立であった。独立後、「らでぃっしゅぼーや」は、2008年12月にジャスダック証券取引所に上場を果たした上で、2012年8月、NTTドコモの連結対象子会社になっている。

キューサイの連結売上高は、2005年2月期で368億円、2006年2月期には、

421億円までになっていた。そして、2006年10月2日の取締役会決議を経て、キューサイ本体がMBOを実施し、株式を非公開にすると発表した。持分移転の手続きは、ベンチャーキャピタルのエヌ・アイ・エフSMBCベンチャーズなどが出資する投資会社（グリーン・パートナーズB株式会社）が10月6日から11月9日までの35日間のTOB（株式公開買付け）を実施することによって、創業一族から現経営陣に事業を承継するという段取りであった。

買付け価格は1株につき1920円で、2006年9月29日までの過去3カ月間における売買価格の終値の単純平均値1646円（小数点以下四捨五入）に約16・7％のプレミアムを加算した金額であった。

買付け予定株式数は2200万2900株（自己株式を含む発行済株式総数3266万7210株の67・35％）以上とされたが、本公開買付け終了時の取得株式数は3195万3850株（発行済株式総数の97・82％）であった。当然ながら、買い付けられた株式には、創業一族5名の所有株式2093万6千株（発行済株式総数の64・09％）も含まれていた。[24] 買付け総額は613億5139万2千円となり、その内の創業一族の受取り分は、401億9712万円となった。

２００６年2月期に、総資産２９０億７２００万円、負債88億５９００万円、純資産２０２億１２００万円、資本金33億６００万円の企業が、株式市場にて５３７億７０２２万７６６０円の企業価値（時価総額）評価を受けていたが、この時価総額に75億８１１６万４３４０円のプレミアムを加えて買い戻され、非上場となったのである。

ただし、ＴＯＢ期限の終了時点では、まだ71万３３６０株（発行済株式総数の２・18％）が市場に残っていた。こうした株主に対しては、公開買付け価格と同額の金銭を交付することが予定されたが、加えて、定款の一部を変更して、①種類株式を発行する旨の定めをし、②株主総会の決議によって当社普通株式の全部を取得できる全部取得条項を付す旨の定めをし、③会社法第１７１条および①②による変更後の定款にもとづき、株主総会の決議によって、全部取得条項付き普通株式の株主から全部取得条項付き普通株式を取得し、当該取得と引き換えに、当社種類株式を交付することによって対応することになったのである。ちなみに、その交換比率は、旧株1株に対して新株１００万分の1株であった。

そして、ＭＢＯ実施から4年後の２０１０年10月、コカ・コーラウエスト株式会社が、キユーサイ株式の全部を３５９億２２００万円で取得して、キユーサイの親会社となっている。ちなみに、キユーサイの連結売上高は、２００８年10月期３０８億円、２００９年

10月期287億円で、純資産は、2008年10月期200億円、2009年10月期198億円であった。

2006年のMBOの時のヴェブレンのqは3であったが、2010年の再編時のヴェブレンのqは1・8となったのである。

純資産額はほとんど変わらなくても、収益力の変化が企業価値評価にそのまま反映されている。非上場の企業でさえ、その資本がかなり市場性をもちうるようになった今日、まさしく「工場や工程（もしくは、あらゆる形態の投資）は、それらのものから生ずる収益を基礎として資本化される[25]」ようになったことの証であろう。

註

（1）*Beam Inc. Annual Report Form 10-K*, For the fiscal year ended December 31, 2013.

（2）Veblen, op. cit., p.139.　前掲訳書、110－111頁。

（3）ビーム社の2014年1月13日のプレスリリースにもとづく。

（4）企業会計基準委員会『のれんの減損及び償却に関する質問表及び意見交換に関するフィードバック文書』2013年7月11日。「M&A、企業の負担軽減」『日本経済新聞』2014年1月27日参照。

（５）国際会計基準審議会のハンス・フーガーホースト議長の発言『日本経済新聞』２０１４年９月６日参照。

（６）連結財務諸表の用語、様式及び作成方法に関する規則（１９７６年大蔵省令第28号）等の改正（２００９年12月11日内閣府令第73号）にもとづく。

（７）David Chambers and Elroy Dimson, "Retrospectives: John Maynard Keynes, Investment Innovator," *Journal of Economic Perspectives,* Vol.27, No.3, Summer 2013, p.215.

（８）Keynes, op. cit., p.154.　前掲訳書、１７２頁。

（９）Ibid., pp.154-155.　前掲訳書、１７２－１７３頁。ただし、〔　〕内は筆者の加筆。

（10）Ibid., p.151.　前掲訳書、１６８－１６９頁。

（11）Ibid., p.151.　前掲訳書、１６９頁。

（12）Ibid., p.135.　前掲訳書、１５１－１５２頁。

（13）Ibid., p.151.　前掲訳書、１６８頁。

（14）James Tobin, "A General Equilibrium Approach To Monetary Theory," *Journal of Money, Credit, and Banking,* Vol.1, Issue 1, Feb 1969, p.21.

（15）林文夫は、トービンの限界のｑと平均のｑとの関係を明確化することに貢献した。Fumio Hayasi,

"Tobin's Marginal q and Average q : A Neoclassical Interpretation," *Econometrica*, Vol.50, No.1, January 1982, pp.213-224.

このことに関連して、経験科学的なアプローチに軸足をおくのであれば、現実の企業が、限界値や最適値によってではなく、平均値にもとづく絶えざるフィードバックによって前進してきたことを再確認すべきことを、経営学分野で最初のノーベル経済学賞を受賞したハーバート・サイモンは主張している。Herbert A. Simon, *An Empirically Based Microeconomics*, Cambridge University Press, 1997, pp.37, 69, 89.

（16）Craig Medlen, "Veblen's Q - Tobin's Q," *Journal of Economic Issues*, Vol.37, No.4, December 2003, pp.967-986. なお、山崎好裕は、註15の林論文とこのメドレン論文の内容を、数式ではなく図式でわかりやすく解説している。山崎好裕「ヴェブレンにおける企業価値—q理論の一系譜」『福岡大学経済学論叢』第51巻第3号、２００６年12月、53－66頁。

（17）Veblen, op. cit., p.168. 前掲訳書、１３３頁。

（18）Ibid., p.173. 前掲訳書、１３８頁。

（19）Ibid., pp.167-168. 前掲訳書、１３３頁。ただし、〔　〕内は筆者の加筆。

（20）三浦隆之「〈資料〉東洋新薬：トクホ日本一企業はこれからも他社ブランド生産を貫くのか?」『福

岡大学商学論叢』第53巻第1号、２００８年6月、45－64頁参照。
(21) 日本バイアウト研究所編『日本企業のバイアウト・事業承継とバイアウト』中央経済社、２０１１年、３８7頁。
(22) 町田猛「キューサイ、らでぃしゅぼーや買収」『日本経済新聞』２０００年1月25日。
(23) その後、キューサイの冷凍食品製造子会社となっていたキューサイ宗像食品は、２００８年4月にニチレイフーズの完全子会社になっている。
(24) 以上の数値データは、すべて当時のキューサイ株式会社によって公開された『第42期・中・半期報告書』(自２００6年3月1日・至２００6年8月31日) にもとづく。ただし、発行済株式総数に占める公開買付け終了時の取得株式数の割合は、公開資料では議決権数 (１００株1単位) で計算されているが、ここでは株式数によって再計算した数値を使用している。
(25) Veblen, op. cit., pp.186-187. 前掲訳書、１４９頁。

第8章　M&Aとインフレ・マインド

企業買収のタイミング・株高の時か株安の時か

既述のように、モデル分析ならばともかく、実態分析においては、これまでのところ、観察可能で、かつ演算可能な限界のqをわれわれは示すことができない。しかし、これまでのM&Aのアメリカにおける歴史を、平均のqあるいは少なくとも株価の変化をとおして観察すれば、M&Aがどのようなタイミングで行われてきたかを示すことはできるであろう(1)。

企業がその物的資本を拡張するには2つの方法しかない。M&Aによって既存の設備を獲得するか、内的成長によって新規に設備を建設するかである。内的成長を展望する際に想起されるさまざまな制約を顧慮すれば、M&Aにたいする選好度はますます高まってきているようであるが、株価の高い時にはM&Aは高くつくことになるので、好景気の時期にはＭ＆Ａは抑えられるのではないかというのが従来のｑ理論であった。また、逆に、株価の安い時にはＭ＆Ａは安くつくことになるので、不景気の時期にはＭ＆Ａが盛んになるのではないかということであった。

しかしながら、従来のｑ理論が予測することとは異なり、Ｍ＆Ａはこれを成就させるのが高くつく時に増えて、景気後退でＭ＆Ａが安くつく時に減るというのが現実の姿であった。１９２０年代における合併ブームとその後の大不況期における合併の底打ち現象は、このことを全面的に裏付けるものであった。

しかも、合併運動の波と株式相場の波の繰り返されてきた相応関係は、その後もまったく変わっていないようである。19世紀末から20世紀初めにかけての合併運動期に比べると、１９２０年代の合併は、先行する合併企業の支配に対抗しようとする２番手企業による挑戦であった。１９６０年代のコングロマリット型の合併は、同業種間の水平的な合併への規制の高まりの中で、新規生産能力の拡大ではなく、既存生産能力の合同として遂行された。

１９８０年代の合併は、文字どおり「フリーキャッシュフロー」型の合併運動期であって、新規設備投資をしてもそれほど収益性をえられないと判断された資金が「バイアウト」にまわされたのであった。この時期の合併以降、フリーキャッシュフローをもつ企業となにがしかの投資機会をもつがそのための十分な資金をもたない企業とのミスマッチを修正するための合併が増大した。

1990年代の合併では、産業企業間の合併に大手金融機関が加担・介入するケースが増えた。電信、電力、バイオ、電子などの絡む、いわゆる「ニューエコノミー」分野の合併が増えて、特定分野のドミナンスがその業界の「標準」を形づくることの重大性が改めて認識された時期であった。マイクロソフトとインテルのワンセット独占、デル、コンパック、ヒューレット・パッカードといったパソコンメーカーの寡占、ルータのシスコシステムズの独占が急拡大した時期であった。そうした企業では、情報通信技術の知的な集積のために内的な投資活動も行われたが、有力な競争相手から自分を防御するために前者を買収するとか、製品とその販売方法を確立するために関連企業を買収するとか、この時期、メディア、インターネット、通信、ソフトウェアの分野で盛んに企業再編が遂行された。

こうした買収活動によって、それぞれの業界内におけるドミナンスが結果的に達成されたのであるが、そのドミナンスの可能性は、将来の買収のための通貨として使用できる株式とその価格のうちにますます読み取られるようになってきた時期でもあった。

特定の予算上の制約のもと、1990年代のニューエコノミーへの不確定要素を勘案し、外部の投資家たちが新規の企業内投資プロジェクトを合理的に評価できる可能性の低さもあって、既存企業間の合併や買収のほうがますますアピールされやすくなったことは明らかであった。M&Aによる成長は、直接的でビジュアルであった。このような環境にあっては、M&Aは、たとえそれが高くつく場合でも遂行されうるということになってきたのである。

メドレンによれば、1990年代の後半期には、平均のqが1近辺から2以上にまで急激に上昇したにもかかわらず、数多くのM&Aが遂行されたという。[2] q＞1ながら、増資による新規投資ではなく、既存企業の買収が増えたのであるから、まさしく、従来の伝統的なq理論とは真逆の展開になったわけである。

しかし、2000年代初頭の株価急落の時期、エンロン（2001年12月）[3]、グローバル・クロッシング（2002年1月）、ワールドコム（2002年7月）といった巨大企業の破綻が相次いだ。こうした企業は、M&Aをベースにして急成長をとげていたのであるが、膨張した株価を企業購入のためのいわば通貨として利用することが慣行化した直後の時期でもあった。企業買収人の高株価をベースにした「のれん」価値が、企業売却人の

「のれん」価値を追いかけ回していたような状態であった。

NYSEおよびNASDAQ上場企業の時価総額は、1980年代はじめにおおよそ1兆5千億ドルしていたが、2000年までに15兆ドルを超過し、おおむねq＝2となって、「のれん」価値と有形資産価値とがほぼ同程度の大きさになっていた。しかし、2000年春から2002年秋にかけておおよそ5分の1まで縮小したのである。

メドレンによれば、ヴェブレンの時代と現代に共通しているのは、企業価値上昇の主たる要因は買収プレミアムの圧倒的な大きさであり、それは平均で40％以上になっていて、qの上昇を支える主たる要因になっている。昔も今も、企業買収が株高基調を支えている、というわけである。

さらに、1960年代のコングロマリットの時代には、M＆Aは新規投資額の60％を若干上回る程度であったが、1990年代末には、M＆Aは新規投資額の93％に相当するところまで増大していた。もし海外企業によるアメリカ企業の買収および部門買収を含めれば、M＆Aは新規投資のほぼ150％に相当するところまで増大したのである。(4)

それにしても、企業買収時に、企業価値の再評価が行われるたびに発生するミクロ的な「資本化された自由所得(5)（capitalized free income)」は、直接的には有形資産の拡大に結びつくものではなく、無形資産の拡大に結びつくだけなので、そのマクロ的な帰結として、「無形資産の所有者を除いた社会全体が被る純損失」は大きいとするヴェブレンの見解はきわめて悲観的である。筆者は、おおよそ先進資本主義国におけるあらゆる所得格差拡大の真因はここにあると考えるし、彼の指摘からおよそ100年後の今日でさえ、「この問題は、経験に照らし、まったく真剣に考察されてしかるべき問題である」[6]との認識でも一致している。

発起人利得とそのマクロ的帰結

証券市場において評価される企業資本と産業現場で運用される実物資本のギャップの大きさは、上場時や増資時においてより以上に、いまやM&Aのような企業再編の時においてこそ、著しく際立っていることが認められつつある。その意味で、ヴェブレンとほぼ同時代を生きたドイツのヒルファディングの「創業者利得」(Gründergewinn)の概念[7]が上場時や増資時における擬制資本(=時価総額)と機能資本(=産業資本)のギャップ認識にもとづいていたのに比べて、ヴェブレンの「発起人利得」(promoter's bonus)の概念[8]こそは、企業再編時における再資本化額(=企業買収(売却)額)と産業資本(=純資産）とのギャップ認識にもとづいている点で、彼の発想からおよそ100年を経てますますM＆Aが増えた今日、改めて再評価されるべき概念ではないだろうか。

ヴェブレンによれば、企業合同の「表面上の誘因」は、「生産や販売の経済をはかり、会社間の関係の友好的な規制をおこなうことである」にしても、証券金融から引き出される利得が、「そのような企業合同を実施する立場にあるものにたいして、独特の誘因を与える」ことが、この種の企業再編を引き起こす上に、「顕著な効果をもっていた」。

企業再編を実施する立場にあるものにとっての独特の誘因として、証券金融から引き出される利得は、「一方では、発起業者（設立者）と、この操作をまかなう信用業者にたいする利得、他方では株主にたいする利得」に大別されるのであるが、「前の二つのものに帰属する利得がいっそう文句のないものであり、したがって、これが、あるばあいには、再編成をおこなう有力な誘因となるようにおもわれる。それゆえに、全体の再編成の操作は、その問題の主要な起動力である発起業者の立場から取り上げるのが、いちばんよいかもしれない[9]」。

企業再編時における信用業者にたいする利得は、「もはや名目的にも時間単位当たりの百分率で計算されることはなく、むしろ、主として資本回転量にもとづく報酬の形で計算され、その他の事情にたいして、多少いろいろな程度の顧慮が払われるのである」。そして、「金融機関に帰属する利得の本質的に無時間的な性質に対応して、このような部類の取引に従事する発起業者の収益も、時間単位当たりの利潤率の性質のものではない。それはむしろ、多くのばあい、直ちに新設会社の資本化額にたいする分け前の形となるような一種の特別報酬である。・・・発起者や金融機関の特別報酬を含む再編成の費用は、普通、資本化額に加算される。・・・すなわち、・・・債権者の受取り分となる「利子」に対応するものは、すべて文句なく債務者の「資本」の中に組み入れられる」[10]ということである。

発券引受業務を営む金融機関は、「預金利子率＜貸付利子率」といった枠組みで稼ぐだけでなく、有望と判断された企業の証券発行数を案配することによっても稼ぐのである。かくして、有望と判断されなかった企業への「貸し渋り」はあっても、有望と判断された企業には、有力な金融機関が集中し、リスク分担も兼ねて大型の金融シンジケートが編成されてきたのである。

かくして、「金融機関と発起業者の特別賞与は、のれんの増加分や、その他の経費もしくは予想収益の付随的な項目とともに、すべて再資本化額のなかにふくまれる。その結果生ずる集合的資本化額（資産ならびに負債）は、その取引に関係した二、三の当事者に分配される。その結果・・・この操作が完成されるばあいには、その産業設備の資本化額の所有権は、それにともなうその他のすべての資産とともに、以前の所有者、発起業者および、その操作に融資した信用機関のあいだに分配される。・・・以前の所有者は・・・新会社の所有者となるとともに、その債権者の役割をも果たすようにおもわれる。かれらは、多くのばあい、・・・その取引から抜け出るのが普通である。・・・〔かれらの保有する株式などの証券資本の少なくとも一部は〕間もなく、外部の関係者に処分される」[11]。

ここで「外部の関係者に処分される」というのは、企業再編時に発行される株式などの証券を現金化できる場所は、原則として、もはや証券発行市場ではなく、証券流通市場だということであり、発行した証券を現金化する際のいっさいの負担は発行当事者ではなく、流通市場における新たな買い手が引き受けるという意味である。

ところで、新規の設備投資をしたいという誘因は、将来利益の享受権を有する証券を投資コストよりも高く売ることができる場合に高まるにちがいない、というのがトービンらのq理論の骨子であった。このq理論は、必ずしも実証研究の支持を全面的に受けるものではなかったが、逆に、企業価値が途方もなく過小評価されている企業にたいする「乗っ取りフィーバー」をうまく説明するものではあった。

ただし、トービンらのq理論が想定する企業価値は、あくまでも株式流通市場において形成される企業価値であるのに対して、ヴェブレンの想定する企業価値は、株式発行市場において形成される企業価値なのであって、とくに、その企業価値のうちにふくまれる発起人利得などは、まず株式発行市場において形成され、しかるのちに株式流通市場において実現されるということなのである。この違いが、トービンとヴェブレンを分《わか》つ、あまりにも単純ながら、きわめて決定的なポイントなのである。

さて、現代のM&Aにおいては、事業の売り手と買い手が明確に区別できることが多いし、TOBも含めて、最終的な決済は、すべて発行済証券の流通市場における売買となることは明白なのであるが、ヴェブレンの念頭にあったのは、当時成立したばかりのUSスチールのような企業合同であったので、合同前の構成諸会社の所有者、企業合同の発起人たち、その発券業務を引き受けた金融シンジケート、新合同会社の所有者の4つの集団の中心軸が重複していたことが先のような表現につながったと思われるが、発行済証券の現金化を引き受けるのは、たとえLBOやMBOのような場合でも、また上場・非上場を問わず、さらには大口・小口を問わず、つねに証券流通市場だということなのである。

その意味で、個別企業の中で自社の証券発行量を実質的に決定できる立場にあるものの責任は大きい。ましてや、そうした立場にある経営幹部は、さらに流通市場から自社株を買い戻す行為も許されているわけであるから、個別企業が自社証券の発行量や流通量にたいする自由裁量権をもつことの意味をわれわれは重く受け止めなければならないであろう。

ヴェブレンは、M&Aなどの企業再編時の再資本化額と再編直前の資本額との乖離の大きさに注目したのであるが、彼の分析は、個別企業のレベルにおける価値評価ギャップを指摘するにとどまらなかった。その著『企業の理論』の第7章以降では、こうしたギャップがもたらすマクロ的な帰結にも向かうのである。もう少し一般化して表現しなおせば、企業資本（端的に企業価値）と産業資本（端的に設備価値）のズレはなにをもたらすかが彼の究極的な問題意識であった。

企業価値と設備価値の乖離現象の因果のうち、原因のほうは結果よりも明白である。利子率の変化、競争環境の変化、生産技術の高度化（既存技術の陳腐化）などに加えて、より本源的な原因の1つは、金融形態の主軸が担保金融から証券金融に移行したことであろう。担保金融を受ける場合、手持ちの未担保物件を担保に入れられるかぎり、借入金の大きさに準じて、その裏付けとなる生産設備も拡大する。

これにたいして、無担保の社債や株式などの証券による金融の場合は、その証券金融を受ける企業の将来収益力の「推定」の如何によって、証券金融の規模は大きく左右されるが、証券自体の譲渡・転売の相対的な容易さもあって、その生産設備規模との相関性はもともと薄れやすくなってしまっている。

しかも、「現代の資本化にともなう信用証券は、さらにそれ以上の信用拡張のための担保として用いることができるから、ある一定のときに現存する名目資本の総額は、多くの場合、それにふくまれる物的財産の総額よりずっと多額である」[12]。かくして、ヴェブレンの企業資本と産業資本のギャップ分析は、ミクロ分析からマクロ分析へと向かうのである。ヴェブレンが「企業の問題は、根本的には価格の問題である」[13]というのは、ミクロ的な企業価値評価の問題が、結局は物価の高騰や低落の一端を構成し、集合的には好況や不況といった景気の波動につながりかねないということなのであった。

そして、皮肉なことに、長期的な不況あるいは圧倒的な不況からの決定的な逃げ道は、なにがしかの独占化をともなう企業結合であろうが、これもまた、いきすぎると資本化額の突如たる崩壊を招きかねないのである。

２００８年の金融危機（リーマン・ショック）のとき、「信用バブルが崩壊して、「資産」とされてきた証券が反故同然になり、多くの金融企業が破綻した。そして、その尻拭いをせざるをえなかったのは我々納税者だった」[14]のであり、金融メカニズムの根幹が変わらないかぎり、こうした金融パニックが今後繰り返されることはないという保証はない。

しかしながら、こうした長期的な景気の波動にもかかわらず、さらに超長期的には全体的かつ平均的に緩やかなインフレ・トレンドが存在してきたし、これからも存在すると期待されているからこそ、株式資本として集積された持分資本が、個別企業からみて本質的には「他人の資本」であるにもかかわらず、事前に約定されたかもしれない一定率の利息の支払いを免れているばかりか、償還期限も存在しないのである。そして、本来であれば移転させることさえ覚束《おぼつか》ない「借用証書」ならぬ「株券」を、保持したければいつまでも保持することもできれば、手放したければいつでも「売り継ぎ」＝「貸し継ぎ」することもできるのである。ただし、株式を保持する投資家にも、株式を買い継ぐ投資家にも、将来の株式価値にたいするなんらかの期待がもてることが前提になっている。この意味で、株式とその価格である株価こそが、一般投資家たちの超長期的なインフレ・マインドを映し、かつ育み支えてきたことは間違いない。

かくして、より多額の再資本化をともなうM&A、新たな証券発行をともなう新会社の設立、上場、増資は、これからも引き続いて行われるであろうし、「この新たに生み出された資本化の利益は、大部分この業務を遂行した投資銀行の手に帰するものであったが、投資銀行が収得する利得の大部分は、現在でもなお、この種の業務から得られている」ために、「より多額の再資本化が事業会社を再編し併合する際の標準的な方法となってきた」わけであり、「相当大規模な新会社の創設にあたって、資本化される額は、その基礎となる資産価値を超過するのが至極当然だとみなす共通の一般原則にのっとってきた」とヴェブレンは指摘した。(15) ここでヴェブレンが「現在でもなお」(still) といった言葉は、およそ100年後の「現在でもなお」そのまま適合し続けているのである。

かくして、企業再編時に多彩に展開される株式発行市場の存在そのものが、先進資本主義国における所得格差の拡大をもたらしたのであるが、同時に、それがベンチャー・ビジネスの資本市場への参加機会を著しく拡大してきているのも事実なのである。

第3段階に入った株式会社制度

株式会社という制度は、一本の長い登り坂を上るように発展してきたというよりも、むしろ株式会社という建物を1階、2階、3階と階段状に積み増しながら発展してきたかのように思われる。

第1段階の株式会社の特質は、出資者が自己の出資分だけに責任をもち、事業リスクを他の出資者たちと分担できる点にあった。一般には、個人的な出資能力の限界を超克できる点が強調されるが、たとえ出資能力の範囲内にあっても、もともとリスクが分散できるところに株式会社のレーゾンデートルがあった。初期の株式会社であった東インド会社やハドソン湾会社などの出資者は、裕福な王侯貴族や大商人たちであって、自分の目が行き届く土地の上の経済活動であれば、できるだけオーナーとしての権限と利得を自分1人に統一しておいたほうがなにかと都合がよかったのであるが、国あるいは国王から事業特許を受けていたとはいっても、海のかなたに出かけた船が無事に交易品を積んで帰ってくる保証はなかった。ごく自然に、1人の出資者は複数の事業にリスクを分散し、1つの事業は複数の出資者に支えられるようになったのである。

第1段階の株式会社の時代から、出資者は自己の持分を他者に譲渡することは可能であったが、持分の譲渡可能性が著しく高まったのは、世界各地の金融拠点に証券取引所が制度的に整備され、数多くの株式会社がそこに上場されるようになってからのことであった。持分の譲渡可能性が日常的に保証されるようになると、将来の利益分配を期待して待つ出資者は、自分の持分の価値変動にも大きな関心をもつようになった。上場株式会社の出資者は、株価の動きに一喜一憂する株主になったのである。このことは、重要な副次効果を生む元になった。上場株式会社は、もはや事業活動の一区切りごとに達成した利益のすべてを株主に分配するよりも、利益を企業内部に留保して将来の事業活動のために役立てることが自社の中・長期的な成長につながり、将来の株価にもプラスに影響することを意識するようになったのである。たとえ配当性向は少々低めに抑えても、利益の内部留保を進めることによって、いずれ留保された利益は資本化されて、株主に持分に応じて無償増資されることになった。企業成長とともに株主の保有株数は無償で増えていくようになったのである。かくして、この第2段階において、株式会社制度は、すでに成熟の域に到達したかのように思われた。

ところが、アメリカでは1980年代以降、日本では1990年代以降、株式会社制度は、さらに新たなる第3段階に突入することになった。第3段階の株式会社の特質は、発券当事者である上場株式会社の経営者が、自社株式の流通量あるいは発行量を決定するのに際して、著しい自由裁量権を獲得したことである。以前は、日米ともに公開市場での自社株の買い戻しは禁止されてきたにもかかわらず、規制緩和の潮流の中でこれが解禁されたのである。上場株式会社が株式市場から自社株を買い戻せば、たしかに1株あたりの利益は上がり、株価も上がるか下支えされる。しかし、それは自社株買い直後の短期的な反応にすぎない。

買い戻された自社株は、ただちに消却しなくてもよいことになり、金庫株として保管され、必要に応じて経営者へのストック・オプションの原資となったのである。会社の経費で買い戻された自社株が経営者に供与され、経営者はこれを株式市場で売却できるようになったのである。経営者に株主と同じ利害を共有してもらうことによって、株主利益を尊重する経営を期待したのである。しかし、キャピタル・ゲインを狙って株式を売却すれば、売却した分だけ株主としての持分、権益、ひいては地位を失ったことになる。これでは、必ずしも中・長期的な株主利益を尊重したことにはならないであろう。

しかも、配当と自社株買いを合計した「株主への総配分性向」は、日米ともに高まりを見せてきているが、極端な場合には、当期利益のほとんどすべてが株主配分に消えていくようなケースも出てきている。このようなケースでは、結局、企業の内部留保のための原資を減らすことになり、ひいては設備投資や研究開発といった中・長期の企業成長のための自力の原資を減らすことになってしまうのである。

この第3段階の株式会社制度としては、上述の自社株買い、ストック・オプションのほかにも、わが国では、持株会社の解禁、株式交換の解禁、新株予約権の行使、種類株式の発行といった相互補完的な法整備がほぼ同時進行的に進められてきた。こうした制度化を背景にして、株式市場は、いまや一株価値だけではなく、時価総額を確認する場にもなっていて、企業が企業を売買するための足掛かりとなる基礎市場になってきているのである。

かくして、たとえば、新薬開発直前のベンチャー・ラボラトリーが、上場を待たずに既存の大手企業にみずからを売りに出すことができるようになったし、起業したばかりでまだ報酬の原資を十分にもたないベンチャー・ビジネスが、優秀な働き手を得るためにストック・オプションを活用できるようになってきたのである。このように、第3段階の株式会社は、利益分配のできる時点まで待たずとも、将来収益力が醸成されたことが確証された時点で、いち早く「資本化された報酬」を提供することが可能になったのである。このように、現代のベンチャー・ビジネスにとっては、新規株式上場をする以外にも、資本市場参加への機会は着実に広がってきている。

一方、既存の大手上場企業にとって、現代という時代は、自社の生産設備だけに頼らず、また自社の研究開発だけに依存しないでも、他企業との連携・協業によって種々の問題解決やイノベーションをはかることが増えてきているし、さらには資本市場を介して新たな事業基盤を開拓するために、ますますM&A狙いの時代になってきているということである。ただし、M&Aの短期的な株価への影響を見る限り、買収企業よりも売却企業のほうが優位に立ちやすいのも事実なので、買収企業の株主にとっては、M&A後の中・長期的な経過を見てからその成果を判断することが求められよう。

註

（1）Cf. Medlen, op. cit., pp.976-983.
（2）Ibid., p.979.
（3）エンロンの場合、2000年12月末に83ドル13セントであった株価が、2001年11月末には26セントになっていた。1年以内で320分の1の価値縮小であった。
（4）Ibid., pp.980-982.
（5）Thorstein Veblen, *The Vested Interests and The Common Man*, (1st ed., 1919), Augustus M. Kelley, 1964, pp.99-113. ヴェブレンの「資本化された自由所得」（＝流通可能な企業証券増発の形で獲得された自由所得＝企業資本に組み込まれた自由所得＝株式による報酬）の概念は、現代の企業制度を理解するうえでますますその重要性を増してきている。なぜなら、日米両国において、公開市場から自社株を買い戻してストック・オプションの原資にできるようになったし、特定第三者に新株予約権が発行できるようになったからである。

（６）Ibid., pp.77-78.

（７）Rudolf Hilferding, *Das Finanzkapital,* Verlag der Wiener Volksbuchhandlung Ignaz Brand & Co., Wien VI, 1910, S.111-123.　岡崎次郎訳『金融資本論』（上巻）岩波文庫、１９５５年、１７３－１８９頁。

（８）Veblen, *The Theory of Business Enterprise,* pp.168-170.　前掲訳書、１３３－１３６頁。

（９）Ibid., pp.120-121.　前掲訳書、96－97頁。

（10）Ibid., pp.124-125.　前掲訳書、１００頁。

（11）Ibid., pp.129-130.　前掲訳書、１０３－１０４頁。ただし、原書にあって訳書で一部欠落した表現（傍点、、、、、の箇所）を補い、〔　〕内は筆者が加筆した。

（12）Ibid., p.149.　前掲訳書、１１９頁。

（13）Ibid., p.234.　前掲訳書、１８６頁。

（14）ロナルド・ドーア『金融が乗っ取る世界経済』中公新書、２０１１年、70－71頁。

（15）Thorstein Veblen, *Absentee Ownership and Business Enterprise in Recent Times,*（1st ed., 1923）, Augustus M. Kelley, 1964, pp.346-347.

《著者紹介》

三浦隆之（みうら・たかゆき）

福岡大学商学部教授。

1970年3月　経営学修士（神戸商科大学）。

1977-78年　ハーバード大学経営大学院に福岡大学在外研究員として留学（A. D. Chandler, Jr. に師事）。

1981-83年　ペンシルバニア大学経済学部に社会科学国際フェロー（新渡戸稲造フェロー）として留学（O. E. Williamsonに師事）。

1987年7-9月　フィリピンのデ・ラサール大学にて『日本経営論』を講義（国際交流基金による派遣）。

2004-05年　ケンブリッジ大学に福岡大学海外研修員として留学（C. Prattenに師事）。

（検印省略）

2015年1月20日　初版発行　　略称 —M&A

成長を買うM&Aの深層

著　者　三 浦 隆 之
発行者　塚 田 尚 寛

発行所　東京都文京区春日2－13－1　株式会社　創 成 社

電　話　03（3868）3867　　ＦＡＸ　03（5802）6802
出版部　03（3868）3857　　ＦＡＸ　03（5802）6801
http://www.books-sosei.com　振　替　00150-9-191261

定価はカバーに表示してあります。

ISBN978-4-7944-5054-8 C0234
Printed in Japan

組版：トミ・アート　印刷：平河工業社
製本：宮製本所
落丁・乱丁本はお取り替えいたします。